AF236922

2. Heimatschrift für das östliche Unterallgäu

Alois Epple (Hrsg.)

Türkheim in der ersten Hälfte des 20. Jahrhunderts

von Hans Ruf

Bibliografische Information der Deutschen Nationalbibliothek: Die Deutsche Nationalbibliothek verzeichnet diese Publikation in der Deutschen Nationalbibliografie; detaillierte bibliografische Daten sind im Internet über dnb.dnb.de abrufbar.

Herstellung: BoD – Books on Demand, Norderstedt

ISBN: 9783752831689

Vorwort

Hans Ruf schrieb jahrzehntelang an einer „Chronik von Türkheim". Er wertete dabei vor allem Archivalien im Staatsarchiv in Neuburg a.D., im Münchener Hauptstaatsarchiv und im Türkheimer Gemeindearchiv aus. Als die umfangreiche Chronik fertig war, wollte er sie veröffentlicht sehen. Die Marktgemeinde Türkheim sollte den Druck dieses Werkes ermöglichen. Aus diesem Grund gab er das Manuskript dem damaligen Bürgermeister. Dieser wollte es zur Begutachtung weiterreichen. Schließlich war das Manuskript von Hans Ruf jedoch verschwunden. Nicht mehr auffindbar! Nicht nur, dass man es versäumte, Hans Ruf zum Ehrenbürger des Marktes zu machen, nein, man ließ seine Chronik, sein Lebenswerk, einfach so verschwinden. Ein Skandal!

Vor wenigen Wochen klingelte es an meiner Haustüre. Obwohl „Corona", öffnete ich. Vor der Türe stand der ehemalige Hausmeister des Türkheimer Rathauses und drückte mir eine Geheft in die Hand. Darauf stand „1900 – 1950". Rasch war mir klar, dass es sich hierbei um einen Teil der „Türkheimer Chronik" von Hans Ruf handelt. Das Geheft war nummeriert von S. 193 bis S. 304 und überschrieben „1900 – 1950". Er habe, so erzählte der ehemalige Hausmeister, vor langer Zeit dieses Geheft aus einem Papierkorb im Türkheimer Rathaus gefischt. Wie die Nummerierung zeigt, umfasste Rufs Chronikmanuskript über 300 Seiten. Mehr als die Hälfte, nämlich 192 Seiten (die Chronik bis 1900) wurden anscheinend von niemand aus dem gemeindlichen Papierkorb gezogen. So springt Türkheim mit seiner Geschichte um!

Als ich es überflog hatte ich sofort den Wunsch, dieses Manuskript zu veröffentlichen, denn es enthält viel Wissenswertes und bisher Unbekanntes. Zwar hatte ich mir vorgenommen, nichts mehr für und über Türkheim zu schreiben, aber ich fühlte mich dem Erbe von Herrn Ruf gegenüber verpflichtet, hier eine Ausnahme zu machen.

So schrieb ich das Manuskript von Hans Ruf ab, dann überflog ich es, dann las ich er Korrektur und dann stellte ich fest, dass andere Arbeiten liegen blieben. Eine zweite Korrektur hätte sicher noch manchen Fehler gefunden. Vielleicht findet sich einmal jemand, der mich bei den nächsten Heimatschriften beim Korrekturlesen unterstütz.

Ich übertrage Rufs Manuskript wörtlich. Ich füge nur Überschriften bei.

Der Herausgeber

1900

Straßen

Am Anfang des Jahrhunderts herrschte eine friedvolle Zeit. Man lebte unbekümmert und genügsam. Auf den Straßen zogen noch die Post- und Botenwagen. Von Türkheim ging ein Postwagenkurs nach Kirchheim. Zum Bahnhof fuhr man meist mit dem Stellwagen. Der Zustand der Straßen war zu dieser Zeit noch denkbar schlecht. In trockenen Zeiten lag der Staub zollhoch auf den Straßen und wenn es regnete zog der Wegmacher den Straßenkot mit der Krucke an den Straßenrand. Im Frühjahr und Herbst wurden alle Orts- und Ortsverbindungsstraßen im Frondienst aufgekiest. Nur die Hauptstraße hatte einen Basalt-Schotter-Belag. Vereinzelt ratterten jetzt schon Automobile über die Straßen.

Lebensmittelpreise

Um die Jahrhundertwende standen die landwirtschaftlichen Produkte sehr niedrig im Preis.
- Zwei Eier kosteten 5 Pfennig,
- ein Liter Milch 7 bis 8 Pfennig,
- ein Pfund Kalb- oder Schweinefleisch (Lebendgewicht) 32 bis 40 Pfennig,
- ein Liter Braunbier (dunkles Bier) 24 Pfennig,
- ein Liter Sommerbier 12 Pfennig.

Löhne

Die Gemeinde bezahlte 1900 einem gemeindlichen Arbeiter 1,70 Mark für den Arbeitstag. Die Arbeitszeit betrug noch 12 Stunden am Tag, einschließlich am Samstag. Ein langwirtschaftlicher Taglöhner erhielt pro Tag 1 Mark und die Kost.

1901

Schulhausbau

Schon wenige Wochen nach dem Rathausbrand beschloss die Gemeinde ein neues Schulhaus zu bauen. Der Gemeinderat genehmigte die erforderlichen Mittel kurzfristig. Bald darauf wurde mit dem Neubau an der heutigen Bahnhofstraße – damals nur ein schmales Sträßchen, das zu den paar Häusern westlich der Hauptstraße und zum Mittelfeld führte – begonnen. Die Gesamtkosten für den großen neuzeitlichen Schulbau betrugen 31.000 Mark.

Mädchenschule und Kinderbewahranstalt

Nun wurde auch ein Neubau für die Mädchenschule gefordert, da die Schulräume im Dominikanerinnen-Filialkloster längst nicht mehr ausreichend waren. Ausgelöst wurde diese Forderung durch zahlreiche Anträge aus der Einwohnerschaft, endlich eine Kinderbewahranstalt einzurichten, für die schon längst Mittel aus einer Stiftung zur Verfügung standen. Der hohen Kosten wegen musste das Projekt jedoch noch einmal verschoben werden.

1902

Bürgermeister

Im Jahre 1902 verstarb Bürgermeister Kratzer, der das Geschick der Marktgemeinde seit 1894 umsichtig geleitet und bei der Bevölkerung in hohem Ansehen gestanden hatte. Die Gemeindeversammlung übertrug nun dem bisherigen 2. Bürgermeister Josef Wiedemann die Amtsgeschäfte des 1. Bürgermeisters, die er regsam und tatkräftig dreieinhalb Jahrzehnte zum Wohle des Marktes ausübte.

Brückenzoll

Durch die aus dem Schulhausbau entstandene Verschuldung wurde der Wertachbrückenzoll, der ein paar Jahre zuvor aufgehoben worden war, wieder eingeführt. Dadurch wurde erneut der Unwille der Einwohnerschaft heraufbeschworen.

1903

Bürgerrechtsgebühren

Anfang des Jahres wurde auch die gemeindliche Bürgerrechtsgebühr neu festgesetzt. Es wurden nun 21.-, 42.- und 84.- Mark erhoben und die Beträge jeweils der Schulstiftung zugeleitet. Der Zuzug von Auswärts war zu dieser Zeit noch erschwert. Das Heimatrecht wurde nur auf Antrag des vorherigen Wohnortes erteilt und dem Zuzug nur bei günstiger Beurteilung zugestimmt.

Molkereigenossenschaft

In diesem Jahr wurden auch zwei Molkereigenossenschaften gegründet. Beide errichteten in den überwiegend bäuerlichen nördlichen und östlichen Ortsteilen zeitgemäße, gut ausgestattete Molkereibetriebe. Bald nannte man sie „die obere" und „die untere" Käsküche.

Acetylen-Gasanlage, Straßenbeleuchtung

Gleichfalls in diesem Jahr entschloss sich die Gemeinde, eine Acetylen-Gasanlage zur Ortsbeleuchtung zu beschaffen. Dazu wurden einige Beurteilungen solcher Anlagen eingeholt. Sie fielen überaus günstig aus. Die Installation wurde zum Teil noch im gleichen Jahr durchgeführt. Der Gaskessel kam westlich der Schlossmauer zur Aufstellung. Zuerst wurde die Knabenschule, das Rathaus, einige Gasthäuser und Geschäfte und ein großer Teil der Straßenbeleuchtung angeschlossen. Zu letzterer kamen vorerst 17 Gaskandelaber zur Aufstellung. Bis zu dieser Zeit gab es nur wenige Petroleumlampen in den Ortsstraßen, die nur ein kümmerliches Licht verbreiteten. Über die Helligkeit der neuen Beleuchtung war man sehr befriedigt. Anfänglich ließen nur wenige Privathäuser die Gaslampen installieren, da der Gasgeruch oft sehr stark war und man Angst vor Vergiftungen und Explosionen hatte. Mit der die Beleuchtung einrichtenden Firma musste die Gemeinde einen 15-jährigen Vertrag abschließen. Er wurde jedoch nur 12 Jahre eingehalten.

Die neue Straßenbeleuchtung musste – wie schon die Petroleumlampen – abends angezündet und morgens ausgelöscht werde. Das besorgte über viele Jahre Franz Dörr, den man den Liachtlafranz oder Laterafranz nannte.

Eisenbahnstrecke

Ebenfalls in diesem Jahr wurde mit der Projektierung einer Eisenbahnstrecke Türkheim-Bahnhof – Ettringen über Türkheim-Markt begonnen. Damit wurden auch die ersten Grundstücksankäufe in den Weg geleitet. Von der dazu ermittelten Summe von 45.000 Mark hatte die Gemeinde Türkheim 63% und Ettringen 37% aufzubringen. Der Türkheimer Anteil betrug 30.000 Mark. In die Planung der Bahnlinie wurde auch der Bau einer Bahnunterführung östlich des Türkheimer Bahnhofes einbezogen. Hier wurde nach dem Abschluss der Grundstücksankäufe (2.- Mark für das Dezimal) sofort mit dem Bau begonnen.

Noch im gleichen Jahr wurde, nachdem die Streckenführung an der Westseite des Marktes und der Standplatz des Bahnhofes bekannt war, die Schulhausstraße – die spätere Bahnhofstraße – verlängert. Dazu musste Grund erworben und auch ein altes Haus, das im Bereich der geraden Straßenführung lag, angekauft und abgebrochen werden. Bald darauf entstanden an der neue Straße einige Häuser.

1904

Bernhart-Primiz

Am 15. August feierte Joseph Bernhart, der spätere bedeutende Schriftsteller, Essayist und Religionsphilosoph in Türkheim seine Primiz.

1905

Straßen und Hausnummern

Im Jahre 1905 zählte man in Türkheim 1900 Einwohner und 320 Hausnummern. An Straßenbezeichnungen gab es nur Hauptstraße (bis 1880 Herrnstraße genannt), dann Kirchenstraße, Schmiedstraße und „auf dem Graben" (heute Grabenstraße) und die neu angelegte Schulhausstraße, die spätere Bahnhofstraße.

Gernhöfe

Im gleichen Jahr erwarb die Gemeinde den zweiten der Gernhöfe (den sog. Säuberlichhof) mit dem gesamten Grund ca. 50 Tagwerk). Sie bezahlte nach der Schätzung dafür 13.720 Mark. Damit wurde der gemeindliche Grundbesitz erheblich vergrößert. Die Wiesen und Äcker wurden alsbald aufgeforstet. Somit erlosch der Weiler Gern, der schon im ausgehenden Mittelalter bestanden hat und in Urkunden mehrmals als „Schloß" genannt wird.

Telephon

Bemerkenswert ist auch die Einrichtung des Ortstelephonnetzes. Bis zu dieser Zeit gab es nur eine Fernsprechanlage in der Postexpeditur.

Mädchenschule und Kinderbewahranstalt

Nun konnte auch die neue Mädchenschule bezogen werden. Der Neubau war 1904 begonnen worden und wurde im Frühsommer 1905 fertig gestellt. Mit erheblichen Kosten war ein lichter, geräumiger Schulbau entstanden. Im Erdgeschoß wurde nun auch die längst geplante Kinderbewahranstalt eingerichtet. Der Unterhalt wurde aus der Ledermann'schen Stiftung bestritten und später dann von der Gemeinde getragen. Die Betreuung übernahmen die Dominikanerinnen.

Bald kam der noch heute übliche Name „Kinderschule" auf. Die Spiele der Drei- bis Sechsjährigen erfreuten nun alljährlich an Weihnachten Eltern und Freunde der Kinder.

1906

Klopferstag

Im Juli 1906 wurde auf einen Antrag des Türkheimer Arztes Dr. Anton Noder vom Gemeinderat die Abschaffung des Klopferstages beschlossen. Dr. Noder hatte bereits im Januar des gleichen Jahres mit einem Artikel im Türkheimer Anzeiger auf die Missstände dieses Brauches hingewiesen und das Verbot gefordert. Trotz des nochmaligen Vorstoßes des beliebten Türkheimer Arztes wurde das Verbot noch mehrere Jahre nicht beachtet und erst von 1910 an, auf eine erneute Eingabe Noders, schärfer überwacht. Der Arzt ging von der Erwägung aus, dass den Kindern an den Klopferstagen viele minderwertige Backwaren und Dörrfrüchte gegeben werden. Noder verschaffte sich mit seinem Betreiben viele Feinde, doch wird von alten Türkheimern bestätigt, dass seine wiederholten Anträge nicht unberechtigt waren. Als Ersatz für die nun ausgefallenen Klopferstage beschloss die Gemeinde, „einmal im Jahr alle Kinder auf Gemeindekosten zu bewirten." (Als Dr. Noder 1910 nach München verzogen war, kam der alte, an vorchristliche Überlieferung anknüpfende Brauch des Klopferstages erneut auf.)

Kriegerdenkmal

Im August 1906 wurde im nördlichen Teil des alten Friedhofes an der Pfarrkirche ein Denkmal für die Gefallenen des Krieges von 1870/71 enthüllt. An der Feierstunde nahmen noch viele Veteranen, Teilnehmer der Kämpfe um Sedan und Weißenburg, teil. Die erheblichen Kosten des Denkmals wurden ausschließlich durch Spenden der Bevölkerung aufgebracht.

Schulgeld

Im Monat Dezember 1906 wurde an den Türkheimer Volksschule das Schulgeld aufgehoben. Die Angelegenheit hatte, da sie vom größten Teil der Einwohnerschaft längst ungerecht gefunden wurde, seit Jahren viel Staub aufgewirbelt. Eine schon längere Zeit bestehende Freischulstiftung, die die unsoziale Handhabung des Schulgeldeinzuges endlich beseitigen sollte, trug nun alle Kosten. Mit der Schulgeldbefreiung wurden langjährige Zwistigkeiten beseitigt.

1907

Eisenbahn

Im Frühsommer 1907 wurde nun mit dem Bau der Eisenbahnstrecke Türkheim-Bahnhof – Ettringen begonnen. Über längere Zeit wurde für Taglöhner, Söldner und Gespannehalter eine gute Verdienstmöglichkeit geschaffen. Die Eröffnung der Eisenbahnlinie erfolgte im Oktober 1908.

Handwerkerzeichenschule

Im Herbst 1907 wurde in Türkheim eine Handwerkerzeichenschule eingerichtet. Es wurde im Freihand-, Linear- und Projektionszeichnen unterrichtet. Die Unterhaltskosten wurden von der Distriktsgewerbeinnung getragen.

1908

Bodenzins

Im Jahre 1908 gab die Gemeinde nach staatlicher Aufforderung an Kleinbauern Kapitalien zur Ablösung der Bodenzinsen aus. Nur eine geringe Anzahl der meist schon an Viehjuden verschuldeten Söldner machte davon Gebrauch. Die Rückzahlung der aufgenommenen Gelder erfolgte nach einem umfangreichen gemeindlichen Holzeinschlag.

Primiz von Richard Kempf

Am 9. August 1908 hielt Richard Kempf in der Türkheimer Pfarrkirche seine Primiz. Wie es damals bei Primizfeiern üblich war, nahm die ganze Einwohnerschaft, auch die Bevölkerung der Dörfer der Umgebung daran teil. Bei Primizen wurden zu dieser Zeit einige Marktstände aufgeschlagen und es herrschte ein fast volksfestartiger Betrieb.

1909

König-Ludwig-Denkmal

Anfang des Jahres 1909 stiftete die Gemeindeverwaltung 25 Mark zu einem Denkmal für den bayerischen König Ludwig II. in München. (Die Broncebüste des „Märchenkönigs" wurde schon 10 Jahre später wieder vom Denkmal entfernt.)

Zeppelin

In den ersten Apriltagen bereitete ein besonderes Ereignis viel Freude im Wertachmarkt. Man hatte schon gegen Ende des Monats März in Erfahrung gebracht, dass Graf Zeppelin, der geniale Erfinder des lenkbaren Luftschiffes, bei günstiger Witterung im 1. April mit seinem Zeppelin-Luftschiff eine Fahrt von Friedrichshafen nach München unternehmen werde. Gleichzeitig wurde bekannt, dass der Kurs des Luftschiffes wahrscheinlich auch über das Türkheimer Gebiet führen wird. Auf einen Telefonanruf am frühen Morgen des ersten Apriltages erfuhr man, dass der Zeppelin bereits um 5 Uhr in Richtung München gestartet sei. Schon bald darauf wurde mit der Rathausglocke der Abflug von Friedrichshafen bekannt gegeben. Manche Einwohner hielten die Sache für einen Aprilscherz, doch bald gewann man schon Klarheit und hielt von allen möglichen Aussichtspunkten Ausschau nach dem Luftschiff. Es folg jedoch erst gegen 7 Uhr weit nördlich, vielleicht schon auf der Höhe von Siebnach, in Richtung München. Die halbe Bevölkerung Türkheims war auf den Haldenberg, den Ludwigsberg und auf den Goldberg gelaufen und war tief enttäuscht, als der Zeppelin so weit entfernt ostwärts zog. Am Nachmittag des nächsten Tages, des 2. April, an einem Sonntag, kam von München die telefonische Nachricht, dass das Luftschiff in Richtung Heimathafen gestartet sei und wahrscheinlich diesmal Türkheim überfliegen werde. Diese Nachricht verbreitete sich mit

Windeseile im Markt. Man stieg auf den Kirchturm, auf Dächer und Bäume und als der Zeppelin tatsächlich über Amberg auftauchte, brach eine Begeisterung los, wie man sie selten erlebt hatte. Schon bald darauf überflog das Luftschiff, von der Einwohnerschaft umjubelt, in geringer Höhe den Markt. In der offenen Gondel konnte man durch die längst bekannte weiße Luftschiffermütze, den Grafen Zeppelin deutlich erkennen. Mit gebührendem nationalem Stolz sah man dem Luftschiff nach, bis es am westlichen Abendhimmel entschwunden war. Noch am gleichen Abend sandte die Gemeindeverwaltung Türkheim ein herzlich gefasstes Gruß- und Dankestelegramm an den Grafen Zeppelin, den großen, unentwegten Pionier des Luftschiffwesens.

1910

Halley'scher Komet

Anfang des Jahres 1910 brachte die Nachricht vom sog. Halley'schen Kometen auch in Türkheim viel Unruhe. Für den März war das Erscheinen des Kometen „mit einem mächtigen Feuerschweif" angekündigt. Als man dazu noch erfuhr, dass es möglicherweise auch einen Zusammenstoß des Kometen mit der Erde geben kann, kam bald eine Weltuntergangsstimmung auf. Die Angst legte sich erst wieder, als man den Komet am Himmel ganz klein und mit einem unscheinbaren Schweif entdeckte.

Friedhofs-Pieta

Im Mai 1910 kam ein lebensgroßes, in Kupfer getriebenes Versperbild (Pietà) im südlichen Teil des Kirchhofes zur Aufstellung. Die Darstellung der Maria mit ihrem toten Sohn auf dem Schoß, gilt als vorzügliche Arbeit des damaligen Kupfertreib-Ateliers Abt von Mindelheim. (Dieses Vesperbild wurde vor einigen Jahren in den nördlichen Teil des alten Friedhofes an der Pfarrkirche verlegt.)

Bankenkrach

Großes Aufsehen erregten 1910 mehrere Bankkrache, durch die auch einige Türkheimer Sparer an ihren Einlagen bittere Verluste hinnehmen mussten und an den Rand des Ruins gebracht wurden.

Wertachhochwasser

Mitte Juni 1910 führte die Wertach starkes Hochwasser. Der höchste Pegelstand war am 16./17. Juni erreicht. Am 17. Juni morgens wurde das Wertachwehr bei der Waltermühle von den Fluten weggerissen. Auch an der Türkheimer Wertachbrücke unterspülten die Wassermassen den linken

Straßendamm erheblich. Dadurch wurde die aus dem Jahre 1887 stammende eiserne Wertachbrücke stark gefährdet. Mit erheblichen Kosten musste der Schaden des Wehrdruchbruches und an der Wertachbrücke noch im Laufe des Sommers behoben werden.

Postbuslinie

Im Herbst wurde die Postomnibuslinie (Pferdepost) Türkheim-Bahnhof – Türkheim-Markt – Tussenhausen – Zaisertshofen – Markt Wald eingestellt. Zur letzten Fahrt hatte man den zu allen Zeiten gern gesehenen Postwagen reich geschmückt. Postillion Kunder blies auf dem Posthorn „Behüt dich Gott, es wär so schön gewesen".

Manöver

Im September fanden in der Türkheimer Gegend Divisions-Corpsmanöver statt. Der Türkheimer Anzeiger brachte schon Tage vorher spaltenlange Berichte über die bevorstehende Einquartierung und die Belegung des Ortes mit königlich-bayerischen Truppen. Er brachte ferner einen Aufruf an die Bevölkerung, „den Marsjüngern" (damit waren die einfachen Soldaten gemeint) Fleisch und Würste bereitzuhalten, da das junge Soldatenvolk sicher einen guten Appetit mitbringen werde. Gleichzeitig wurde auch aufgerufen, genügend Tabak und Zigarren zu beschaffen.

Vom 10. September an erfüllte nun über mehrere Tage ein reges militärisches Leben den Markt. An den Straßen standen Geschütze, Feldküchen, Bagage- und Trainwagen. Die Ställe waren mit Pferden gefüllt. In den Post- und Gaststallungen der Krone standen allein 25 Pferde. Vom Divisionsstab lagen im Quartier: 2 Generäle, 7 Stabsoffiziere, 37 Hauptleute, Rittmeister und Leutnants; dann 100 Unteroffiziere und 2000 Mannschaften mit 260 Pferden. An den Abenden war auf dem Kronenhof Standkonzert und nach dem Abschluss des

Manövers im Kronensaal Manöverball. Man war nicht wenig stolz, die einquatierten Soldaten in die Wirtshäuser führen und dort bewirten zu können.

Volkszählung

Eine Ende 1910 durchgeführte Volkszählung ergab in Türkheim 2007 Einwohner. Davon waren 22 protestantisch. Eine anschließende Viehzählung ergab 1100 Kühe, 240 Kälber und Jungvieh, 210 Schweine und 50 Ziegen. Die Anzahl der Pferde betrug 176.

Bierpreiserhöhung

Viel Wirbel unter der Einwohnerschaft des Marktes verursachte 1910 eine geplante Bierpreiserhöhung, die durch eine Malzsteuererhöhung von den drei Türkheimer Brauereien (mit Zollhausbrauerei) beschossen worden war. Es handelte sich um eine Erhöhung von 2 Pfennig pro Liter. Bis zu dieser Zeit kostete der Liter Dunkelbier 24 Pfennig (also eine Erhöhung um ca. 8 %) und der Liter Halbbier (später Erntebier, auch Scheps genannt) 12 Pfennig. Es wäre nun ein Bierpreis von 26 bzw. 13 Pfennig pro Liter festgesetzt worden. Darauf bildete sich aus der Bürgerschaft ein Ausschuss, der schon bald nach der bekanntgewordenen Preiserhöhung zu einem Bierstreik aufrief. An einer eilig einberufenen Versammlung nahmen über 200 Personen, also der überwiegende Teil der männlichen Bevölkerung des Marktes, teil. Einstimmig wurde nun der Bierstreik beschlossen und die ganze Bevölkerung, auch die der umliegenden Dörfer, zur Teilnahme aufgefordert. Doch nun drohten die Brauer den Bauern keine Gerste mehr abzukaufen. Die Angelegenheit führte soweit, dass Bürgermeister Wiedemann, der schlichtend eingreifen wollte, sein Amt niederlegte. Als der Streik tatsächlich auch begonnen wurde, sahen die Brauer, „um den Ortsfrieden zu wahren", von der Bierpreiserhöhung ab.

1911

Wasserversorgung

Anfangs 1911 wurden die ersten Wege zum Bau einer gemeindlichen Wasserversorgung beschritten und nach einer ausführlichen Geländebegehung die Verhandlungen mit Kirchdorfer bzw Katzenhirner Bauern zum Erwerb dortiger ergiebiger Quellen aufgenommen. Die Ankaufsverhandlungen konnten bald zum Abschluss gebracht werden. Noch im Sommer des gleichen Jahres wurde mit dem Fassen der Quellen und dem Bau der 6 km langen Leitung begonnen.

Geburtstag des Prinzregenten

Am 12. März wurde in Türkheim der 90. Geburtstag des Prinzregenten Luitpold mit festlichem Gottesdienst und einem Festakt in der neuerbauten Turnhalle gefeiert. Luitpold Schuhwerk, das einzige Türkheimer Patenkind des Regenten, trug einen Glückwunschprolog vor.

Verkehr

Erwähnenswert ist eine gemeindliche Verfügung von 1911, nach der Ärzten, Tierärzten, Hebammen und Bader, im Notfall schneller vorwärts zu kommen, das Radfahren auf den Fußwegen gestattet wurde. Da von einem starken Verkehr noch keine Rede war – an einem Tag fuhren kaum mehr als zwei bis drei Automobile durch den Ort – war die gemeindliche Anordnung nur wegen des häufigen schlechten Straßenzustandes erfolgt.

Bodenzins

In diesem Jahr wurde erneut von der Gemeinde Kapitalien zur Verfügung gestellt, um den alten Bodenzins, der teils noch eine jahrzehntelange Laufzeit hatte, abzulösen. Der Staat gewährte bei der Vollablösung 35% Nachlass. Diesmal machte eine größere Anzahl Söldner davon Gebrauch; obwohl zu dieser Zeit beim Kleinbauern das Geld noch „fäsig" war.

Hydrantenwagen

Die Gemeinde erwarb durch Vermittlung von der Münchner Berufsfeuerwehr zwei Hydrantenwagen. Sie taten bei der Türkheimer Freiwilligen Feuerwehr noch viele Jahre einen guten Dienst.

Gartenkonzert in der Krone

Am Sonntag den 2. September spielte das 42 Mann starke Musikkorps des kgl. Bayer. 16. Inv. Regiments zu einem Gartenkonzert des Kronen-Gasthofes. Die Militärkapelle erntete riesigen Beifall.

Freiballon

An einem Sonntagnachmittag im November landete westlich des „kleinen Bahnhofs" ein bemannter Freiballon. Er flog sehr nieder über den Markt und die Insassen winkten den Leuten auf der Straße zu. Da der Flug des Ballons immer langsamer wurde und auch an Höhe verlor, nahm man an, dass er landen wird. Da liefen die Leute in die Richtung „in der er niedergehen müsste" und kaum hatte der Ballon, der die Aufschrift „Bodensee" trug, den Boden berührt, standen schon die ersten Neugierigen davor. Die zwei Türkheimer Gendarmen, die schnell zur Stelle waren, forderten die anstürmenden Leute auf, sich entsprechend von dem Luftgefährt zu entfernen. Bald wusste man, dass der Ballon in Konstanz beheimatet ist, dass er um 10 Uhr vormittags in Bregenz gestartet sei und nach sechsstündigem Flug, auf dem er eine Höhe von 1750 m erreichte, hier landen musste. Die Mannschaft begann nun gleich mit der Entleerung der Ballons. Es war ein seltsamer Anblick – zuerst den riesigen Ballon und nun die entleerte Hülle auf der Wiese. Sie wurde per Eisenbahn am nächsten Tag nach Konstanz verfrachtet.

1912

In Uniform

An den nationalen Feiertagen, z.B. beim Geburtstag des bayerischen Königs und des deutschen Kaisers trugen noch 1912 bei den feierlichen Gottesdiensten in der Pfarrkirche Rentamtmann Kathan zur Uniform den (napoleonischen) Schiffhut und Dr. Hegler die Uniform eines kgl. Oberstabsarztes.

Brand bei Lehne

Am Abend des 9. März' 1912 brannte die Lehne'sche Holzstoff-Fabrik total ab. Die Feuerwehr konnte nur noch das landwirtschaftliche Gebäude retten. Die Besitzerin, Witwe Lehne, befand sich beim Ausbruch des Brandes in einem Vortrag des Deutschen Flottenvereins im Gasthof Krone. Schon ein Jahr später, im Mai 1913, wurde die neuerbaute und maschinell neuzeitlich eingerichtete Holzstoff-Fabrik in Betrieb genommen. Die Belegschaft konnten nun auf über 15 Arbeiter erhöht werden.

Tod des Prinzregenten

Am 12. Dezember kam von München die Nachricht, dass Prinzregent Luitpold, der greise bayerische Landesverweser, 92jährig verstorben ist. Am nächsten Tag brachte der Türkheimer Anzeiger auf der schwarzumrandeten ersten Seite ein Porträt und Lebensbild Seiner königlichen Hoheit. Am 15. Dezember wurde in der Pfarrkirche ein Gedenkgottesdienst gehalten. Uniformierte Reserveoffiziere, königliche Beamte mit Dreispitz und Degen und beurlaubte Mannschaften hielten am Katafalk Ehrenwache.

1913

Läutgarbe und Kirchenbrot

Im Jahre 1913 wurden zwei schon längst ungerecht empfundene örtliche Einrichtungen, die Läutgarben und die Kirchbrote, abgeschafft bzw. durch eine Ablösung der Gemeinde aufgehoben. Sie waren noch ein Überrest aus der Zeit der Naturalabgaben und mussten bis dahin, nach einer – wie es hieß – uralten Verschreibung an den Pfarrer und Mesner alljährlich abgegeben werden. Von 47 Türkheimer Häusern, „die nach uraltem Herkommen und Recht" an die Türkheimer Kirche gewisse Abgaben zu entrichten verpflichtet waren, hatte der Mesner für das Läuten der Kirchenglocken die festgesetzten Läutgarben und der Pfarrer die sog. Kirchbrote zu fordern. Unter Läutgarben war eine bestimmte Anzahl von Fesen- und Hafergarben gemeint und für die Kirchbrote war pro abgabepflichtiges Haus eine gewisse Anzahl von Brotlaiben festgelegt. Aus einem Pfarrurbar des 18. Jahrhunderts geht hervor, dass diese 47 Häuser etwa 190 Brotlaib, jeder ca. drei Kilogramm schwer, pro Jahr an den Pfarrer abgeben mussten. Da nur der fünfte Teil der Türkheimer Häuser diese Abgaben zu leisten hatte, ergaben sich deswegen über lange Zeit Zwistigkeiten Ein mittlerer Bauernhof hatte z.b. jährlich sechs Laib Brot an den Pfarrer und je drei Garben Fesen und Hafer an den Mesner abzuführen. Bei der 1913 erfolgten gemeindlichen Ablösung wurde eine Fesengarbe zu 45 Pfennig, eine Hafergarbe zu 36 Pfennig und ein Laib Brot zu 50 Pfennig veranschlagt und somit die jährliche gemeindliche Ablösungssumme auf 151 Mark festgesetzt.

Auswanderung in die USA

An einem Tag des Jahres 1913 verließ „bei Nacht und Nebel" ein Türkheimer Gastwirt unter Mitnahme der gesamten

Barschaft seine Familie. Wie man erst nach längerer Zeit erfuhr, was er nach Amerika ausgewandert. (Er kam nach dem ersten Weltkrieg für kurze Zeit zurück, verkaufte heimlich ein Paar Ochsen und war wie das erste Mal über Nacht verschwunden. Man hörte in Türkheim nichts mehr von ihm.)

Gemeindliche Frondienste
Da der gemeindliche Frondienst immer wieder zu Streitfällen führte, wurde 1913 probeweise eine gemeindliche Entlohnung für die Leistungen eingeführt. Für den Handdienst wurden an männliche Arbeitskräfte 2 Mark und an weibliche 1,50 Mark pro Tag bezahlt. Der Spanndienst wurde pro Fuhre mit 1 Mark entlohnt.

Verkauf von „Wertachwiesen"
Die zahlreichen, seit der Hauptkorrektion ausgetrockneten Wertachrinnsale wurden Ende des Jahres von der Gemeinde für 1 Mark pro Dezimal verkauft. Noch im 19. Jahrhundert standen diese nach der Austrocknung dem Pfarrer zu.

1914

Ausbruch

Die bitterste Nachricht dies Jahres ist der Ausbruch des Weltkrieges. Die Meldung von der Kriegserklärung Deutschlands an Frankreich wurde von vielen Bürgern mit gemischten Gefühlen aufgenommen. Am Sonntag den 2. August wurde vormittags am Rathaus die Mobilmachung angeschlagen. Sie wurde gleichzeitig nach dem Gottesdienst vom Stein verlesen. Gruppen von Menschen standen diskutierend auf der Straße

Auch in Wirtshäusern wurden lebhafte Diskussionen geführt. Wer jedoch die Fragen „Warum?" und „Wofür?" auszusprechen wagte, dem machten patriotisch Gesinnte – es gab davon nicht wenige – bald die Notwendigkeit dieses Krieges plausibel. Man hatte seit einem ganzen Jahrhundert, mit Ausnahme des kaum wahrgenommenen Feldzuges von 1866 und des gewonnen Krieges von 1870/71, keinen Krieg mehr geführt und auch im Lande nicht verspürt. So wurde der Kriegsausbruch nicht allzu tragisch empfunden. Man war ja darüber nicht sonderlich überrascht, da die Spannung schon langsam unerträglich geworden war. Die überzogenen Pressemeldungen von den heraufbeschworenen Konflikten trugen einen guten Anteil dazu bei. Die allgemeine vaterländische Gesinnung und der nicht Wenigen eigene, überschwängliche patriotische Geist erwirkten, dass der Kriegsausbruch die Gemüter nicht in Wallung brachte. Als am Mittag Bürgermeister Wiedemann vom Rathausfenster mit bewegten Worten zum Dienst am Vaterland aufrief, stimmten einige junge Leute patriotische Lieder an.

Mobilmachung

Schon am ersten Mobilmachungstag musste eine größere Anzahl junger Türkheimer in ihrem festgesetzten

Truppenstandort einpassieren. Für die Mobilmachungstage wurde der Zivilverkehr auf der Eisenbahn eingestellt. Am 4. August schrieb der Türkheimer Anzeiger unter der fettgedruckten Überschrift **Der Krieg** folgendes: *Das Schwert ist gezogen, das man uns in die Hand gezwungen hat. Das deutsche Heer marschiert. Es marschiert dem Sieg entgegen. Eine Niederlage wäre das Ende der Nation. Wir greifen unsere Feinde an, wo wir sie treffen. Wir werfen sie nieder, Gott wird sie strafen.* Auch an den folgenden Tagen schrieb die Zeitung immer wieder vom „Heiligen Krieg".

Blumen- und bändergeschmückt zogen viele der Einberufenen zum Bahnhof. Manche Frau und manches Mädchen verbarg die Tränen. Aus den Truppentransportzügen hörte man die Lieder „Lieb Vaterland magst ruhig sein, fest steht und treu die Wacht am Rhein" oder „In der Heimat, in der Heimat, da gibt's ein Wiedersehn!"

Schon an den ersten Mobilmachungstagen wurde auch bei der Türkheimer Distriktsparkasse – was einigermaßen zu bekommen war – von den Spareinlagen abgehoben. Alles was über Geld verfügte machte Hortungskäufe. Dadurch waren bald viele Waren ausverkauft.

Kriegseintritte anderer Staaten

Von der Ostfront kamen schon am 5. August die ersten Siegesmeldungen. Die Kriegserklärung Englands an Deutschland wurde schon etwas ernster aufgenommen. Weitere folgten an den nächsten Tagen. Nun hörte man häufig „Viel Feind, viel Ehr!" Diese größenwahnsinnige Parole fand jedoch wenig Anklang. Auf Ansichtskarten, die an die Frontsoldaten ausgegeben wurden, standen die Worte „Wir kämpfen um Deutschlands Glorie und Herrlichkeit".

Landsturm
Am 17. August wurde der Landsturm aufgerufen. Über 20 Türkheimer Männer waren davon betroffen.

Sammlungen
Bei den ersten Sammlungen für die Kriegsfürsorge flossen die Spenden im Markte Türkheim und im Weiler Berg überreich. So konnten schon wenige Wochen nach dem Kriegsausbruch Geschenke an die Fronten versandt werden. Am oberen Bahnhof durften nur Personen, die den ins Feld gehenden Truppen sog. Liebesgabenpakete reichten, den Bahnsteig betreten. Den Türkheimer Bahnhof passierten häufig Truppentransporte nach Westen. Der Bahnkörper und besonders die Eisenbahnbrücke beim Zollhaus wurden nun ständig vom Landsturm bewacht.

Erntehilfe
Da die Kornernte bei Kriegsbeginn zum größten Teil noch nicht eingebracht war und bald darauf viele Männer zu den Waffen gerufen worden waren, wurde die gesamte Bevölkerung zur Erntehilfe bei den Bauern aufgefordert. Ein gleicher Aufruf erfolgte auch beim Beginn der Hackfruchternte.

Lebensmittelpreise
Noch im Herbst wurden die Bäcker zu höherem Roggenverbrauch angehalten. Das Brot wurde damit bald dunkler und gröber. Für die Hauptnahrungsmittel wurden Höchstpreise festgesetzt.

Erste Gefallene und Verwundete.
Der Türkheiemr Anzeiger gab nun täglich Extrablätter mit Siegesmeldungen heraus. Am 30. August traf die erste Gefallenenmeldung ein. Ludwig Weber war bei Etaine in

Frankreich gefallen. Am gleichen Tage kam auch die Nachricht vom Kriegstod von Joseph Wachter. Öfters waren nun an einem Tag mehrere Gefallenenanzeigen in der Lokalzeitung. Sie stammten auch von Gefallenen aus Dörfern der Umgebung

Am 10. September kamen die ersten Verwundeten am Türkheimer Bahnhof an.

Kriegsanleihen und Kriegsgefangene

Auf einen Aufruf zur Zeichnung von Kriegsanleihe gingen in Türkheim erhebliche Mittel ein. Im Spätherbst wurden den Bauern die ersten russischen und serbischen Kriegsgefangenen zur Arbeit zugeteilt. Es waren überwiegend fleißige Hilfskräfte, die nur den Wunsch hatten, dass der Krieg bald zu Ende gehen möge und dass sie in ihre Heimat zurückkehren können.

Vaterländisches

In den Schulen, besonders jedoch in der Knabenschule, wurden jetzt häufig vaterländische Lieder, aber auch Kriegslieder gesungen. Nach dem Sieg der Deutschen über die Russen hörte man oft das Lied „Der Hindenburg, der Russenschreck", zu dem der Schriftsteller A de Nora, der frühere Türkheimer Arzt, den Text geschrieben hatte.

Erster Kriegswinter

Als es November wurde und noch keine Aussicht auf ein Kriegsende abzusehen war, wurde trotz der andauernden Siegesmeldungen, die Begeisterung immer gedämpfter. Man hatte mit einer siegreichen Beendigung noch vor dem Einbruch des Winters gerechnet. Da nun auch schon Weihnachten nahte, begann man mit einer Wintersachen-Sammlung „für die frierenden, tapferen Krieger", wie der Türkheimer Anzeiger schrieb. Täglich wurden nun mehrere

Postkarren voll Liebesgabenpakete an die Frontsoldaten verschickt. Dazu wurde auch in Türkheim eine eigene Nähstube eingerichtet. Die Frauen und Töchter der kgl. Beamten und wohlhabenden Bürger überschlugen sich förmlich in ihren Liebesdiensten. Einige von ihnen meldeten sich zur Pflege der Verwundeten.

Kinderbewahranstalt

Die Kinderbewahranstalt (Kinderschule) führte vor Weihnachten ein improvisiertes Spiel auf, das wohl nach dem Motto „viel Feind, viel Ehr" gestaltet worden war. Eine Anzahl vier- und fünfjähriger Buben mit papierenen, verschiedenfarbigen Helmen und hölzernen Säbeln und Gewehren stellten die Feinde Deutschlands: Franzosen, Engländer, Russen, Serben u.a. dar. Einer der Buben war als Deutscher gekennzeichnet. Er besiegte in dem Spiel selbstverständlich alle anderen.

Spione

Mehrmals gingen im Markte Gerüchte um, dass feindliche Spione im Lande seien. Vor Gesprächen mit Fremden wurde gewarnt. Als einmal vor dem Gasthof Krone ein großes, rotes Personenauto vorgefahren war, hielt man es für ein feindliches Auto. In kurzer Zeit verbreitete sich das Gerücht, dass Bolschewiken im Ort sind. Man atmete auf, als man hörte, dass das Automobil gegen Abend abgefahren sei.

1915

Lebensmittelrationierung

Ende März wurde mit der Lebensmittelrationierung begonnen. Als erstes kamen Brotmarken zur Verteilung. Es wurden pro Person und Woche 625 Gramm Roggenbrot oder 500 Gramm Roggenmehr und 175 Gramm Weizenmehl ausgegeben. Die Bäcker mussten nun dem Brot ein Drittel Gerste beimischen.

Fortbildungsschule

Zum Schulbeginn am 1. Mai wurde in Türkheim die Fortbildungsschule auf den Sonntag-Vormittag von 10 – 12 Uhr festgesetzt, da man die Schüler zur Arbeit an den Werktagen dringend benötigte.

Elektrisches Licht

Mitten im Kriegsjahr wurde in Türkheim das elektrische Licht eingeführt. Man war darüber heilfroh, da längst schon Petroleum und Kerzen schlecht zu bekommen waren. Der Vertrag zur Installation wurde mit den Lechwerken abgeschlossen, der Vertrag mit der Gasfirma annuliert. Da Krieg war und man nur verzinkten Eisendraht bekommen konnte, ließ die Gemeinde zuerst ein Gutachten erstellen.

Am 1. September brannten im Bereich des Marktes Türkheim bereits 54 elektrische Straßenlampen. (Eine Verdunklung gab es im 1. Weltkrieg noch nicht).

Primiz von Josef Weber

Im Juli feierte Josef Weber in Türkheim seine Primiz. Der Krieg war auch hier schon deutlich zu spüren. Von einer Primizfeier der Vorkriegszeit war keine Rede mehr.

Kriegsverlauf

Die Fronten im Westen hatten sich längst verhärtet. So verging auch der zweite Kriegswinter und ein Ende des Völkerringens zeichnete sich noch lange nicht ab. Immer häufiger klangen die Totenglocken über den Markt. Der Türkheimer Anzeiger brachte täglich auf der ersten Seite fettgedruckte Siegesmeldungen und die letzte Seite war angefüllt mit Gefallenen-Anzeigen. Oft berichtete er auch über militärische Auszeichnungen und Beförderungen von Türkheimern.

1916

Marken
Im Mai wurde die Fleisch- und Zuckerkarte eingeführt. Auf Fleisch wurde pro Kopf und Woche 800 Gramm und auf Zucker 250 Gramm pro Woche ausgegeben.

Ablieferung
Im August wurde zur Ablieferung von Gold aufgerufen. Die Bevölkerung trennte sich nur ungern von den Trauringen und dem ererbten Schmuck. Dass nur ein Teil davon abgeliefert wurde, ist wohl selbstverständlich.

Heldentod
Zu manchen Familien kam Bürgermeister Wiedemann nun schon zu zweiten Mal, die Nachricht vom „Heldentod" eines Sohnes zu überbringen. In vielen Häusern wusste man schon jetzt, dass der Gatte und Vater, Sohn oder Bruder nicht mehr zurück kehrt, dass ihn längst irgendwo draußen im Kriegsgebiet die Erde deckt. Über viele herrschte Ungewissheit, ob sie noch unter den Lebenden weilen.

Lebensmittel
In vielen Gebieten der Lebenshaltung erfolgten nun schon tiefe Einschnitte. Trotz der festgesetzten Preise verteuerten sich die Lebensmittel und die noch erreichbaren Gebrauchsgüter zunehmend. Im September wurde die Fettkarte eingeführt. Es gab pro Kopf und Woche 90 Gramm. Anstelle von Zucker gab es nun häufig Sacharin.

Flugzeuglandung
Am Heiligen Abend landete hinter dem neuen Friedhof ein Flugzeug. Der Pilot war ein Türkheimer Schullehrer, der bei

der Fliegertruppe diente. Der Doppeldecker wurde von der Einwohnerschaft viel bestaunt.

Geld

Ende des Jahres wurden die Nickelmünze zu fünf und zehn Pfennig aus dem Verkehr gezogen, da man das Material zu Kriegszwecken benötigte. Dafür wurden eiserne Münzen in Umlauf gebracht.

3. Kriegsweihnacht

Das dritte Kriegsweihnacht war schon von einer erheblichen Rationierung aller Güter gezeichnet, Wie an den voher gehenden Weihnachtsfesten wurde an alle Frontsoldaten ein Liebesgabenpaket abgeschickt. In einem Begleitschreiben der Gemeinde ermutigte man die Krieger zum Ausharren.

Gefallene

An der Jahreswende zählte man in Türkheim schon mehr als 40 Gefallene. Die meisten Einwohner hatten die Siegeshoffnungen nun schon begrab en. Die pausenlosen Aufrufe zur Zeichnung von Kiegsanleihen fanden kein großes Echo mehr. Lehrerin Lindhuber gab in der Turnhalle mehrere Lieder- und Klavierabende zugunsten der Kriegsfürsorge und des Türkheimer Hilfslazarettes.

1917

Eintreffende Urlauber und Verwundete berichteten von den verlustreichen und mörderischen Materialschlachten um Verdun. Der Kriegsbericht sprach jedoch weiter von den siegreichen Kämpfen der verbündeten Armeen. Doch kam jetzt schon öfters ein gegenteiliger Bericht von den Kriegsschauplätzen in die Heimat. Auch die Zeitungsberichte über die Gefallenen und die Gefallenen-Anzeigen wurden nun einfacher und mäßiger. Von Stolz „einen Sohn auf dem Altar des Vaterlandes geopfert zu haben", hörte man jetzt nichts mehr.

Sommerzeit
Im Frühjahr wurde auch in Türkheim die Uhr um eine Stunde vorgerückt und zum ersten Mal die sog. Sommerzeit eingeführt. Die Last der Arbeit ruhte jetzt überwiegend auf den Schultern der Frauen, da nun schon der größte Teil der Männer an den Fronten stand. Verkürzung der Schulzeit, Verlängerung der Schulferien und weitere Zuweisungen von Kriegsgefangenen halfen einigermaßen die Ernten unter Dach zu bringen.

Metallsammlung
Anfang Mai wurde zu einer großen Metallsammlung aufgerufen. Küchen- und Haushaltsgegenstände aus Kupfer, Messing und Zinn mussten abgeliefert werden. Waggonweise wurden die Kessel und Pfannen, die Schöpflöffel und Wasserschiffchen am oberen Bahnhof verladen.

Nahrungsmittel und Stoffe
Die Brauereien durften jetzt nur noch leichtes Bier herstellen und das war nicht immer zu bekommen. An drei Tagen in der Woche war die Abgabe von Fleischspeisen in den Gasthäusern

verboten. Da auch Ersatzkaffee schlecht zu erhalten war, wurde in vielen Häusern Kaffee aus Eichen bereitet. Dem Schwarzbrot wurde jetzt schon häufig Kartoffelmehl beigemischt. In den Hausgärten baute man auch Tabak und beim Heimgarten qualmte der Selbstgebaute, dass es für den Nichtraucher kaum mehr auszuhalten war. Auf die 1916 eingeführten Bezugsscheine für Stoffe und Textilien gab es nur selten eine Ware. Die Geschäfte waren – wie es in Kriegszeiten allgemein üblich ist – vollkommen ausverkauft

Kirchenglocken

Im August mussten drei der fünf Glocken der Pfarrkirche abgeliefert werden. Die beiden anderen aus dem Jahre 1757 stammenden Glocken durften wegen ihres künstlerischen und historischen Wertes auf dem Turm verbleiben. Als man die drei Glocken zum Bahnhof führt, sagte viele: „Aus geweihten Glocken Kanonen und Granaten machen, bringt ein schlimmes Kriegsende."

Fabrikwechsel

Ende des Jahres vollzog sich in Türkheim ein erwähnenswerter und für den Ort bedeutsamer Besitzwechsel. Die Holzstoff-Fabrik der Witwe Lehne ging an die Schuhfabrik Jakob Sigle - Levi u. Co in Kornwestheim bei Stuttgart über. Der überaus billige Verkaufspreis und die gute vorhandene Wasserkraft gaben den Anlass zum Ankauf des ganzen Objektes, das damals noch eine Landwirtschaft mit 60 Tagwerk Grund und einen Viehbestand von 20 Stück und 8 Pferden umschoss.

Vierte Kriegsweihnacht

Als das vierte Kriegsweihnachten nahte, sammelten das Rote Kreuz und die Freiwillige Feuerwehr für die Feldgrauen. Das Ergebnis war nicht mehr allzu hoch. Doch reichte es noch, an alle Frontsoldaten ein Liebesgabenpaket zu schicken. In dem beigelegten, gedruckten Weihnachtsgruß war von einem siegreichen Ende des Krieges keine Rede mehr. Es kam darinnen nur zum Ausdruck, dass der furchtbare Krieg, „in dem die ganze Welt in Stahl und Eisen starrt, in dem schon Ströme deutschen Blutes geflossen sind", bald ein Ende finden möge.

Hamstern

In den Städten herrschte jetzt schon eine bittere Not. Scharen von Hamsterern, besonders aus Augsburg, zogen auch durch Türkheim. Mehrere Bauern hielten Hunde, um den Hamsterern den Weg zum Hof zu verwehren.

Auf dem Lande gab es jedoch immer noch eine Möglichkeit durch verwandtschaftliche Beziehungen, durch Arbeit bei den Bauern, durch das Halten von Federvieh, von Kleintieren und Ziegen, dann durch das Ährenlesen, die Nachlese auf den Kartoffelfeldern u.a., die immer geringer werdenden Lebensmittelzuteilungen aufzubessern.

Der Tausch- und Schwarzhandel nahm mit der zunehmenden Rationalisierung von Nahrungsmitteln und Textilien wesentlich stärkere Formen an. Dadurch wurde die Not noch weiter gesteigert.

1918

Kriegsmüdigkeit

Im Laufe des Jahres 1918 wurde der Unwille gegen die Fortsetzung des Krieges lauter und deutlicher. Mit Widerwillen kehrten die wenigen Urlauber, die die Heimat noch erreichten, an die Fronten zurück. Im Herbst lösten Nachrichten über aufflackernde revolutionäre Erhebungen auch in Türkheim Beunruhigungen aus.

Kriegsende

Noch bis November tobte der Krieg, dann kam das Ende, ein bitteres Ende, von dem man nicht mehr überrascht war. Aus München wurde vom Ausbruch der Revolution berichtet. Am 10. November wurden am Türkheimer Rathaus die Waffenstillstandsbedingungen angeschlagen. Man diskutierte wohl darüber, war aber froh, dass der Krieg zu Ende war. Die etwa 30 Kriegsgefangenen, Russen, Serben und Franzosen, mussten in das Sammellager Lechfeld verbracht werden. Ein Russe und ein Serbe blieben in Türkheim.

Die Nachrichten über die schwelende Revolution in den Städten waren verwirrend. Aus München erfuhr man endlich, dass König Ludwig III. (1854 – 1921, König 1913 – 1918) abgedankt habe und der Rat der Arbeiter, Soldaten und Bauern eine Volksregierung bilden werde.

In den folgenden Wochen zogen endlose Kolonnen der aufgelösten Truppenverbände auch durch Türkheim. Der Eisenbahnverkehr war fast gänzlich eingestellt. Mit den grauen Kolonnen kam auch eine Anzahl Türkheimer zurück. Doch waren noch viele in Gefangenschaft, eine Anzahl vermisst, weitere verwundet in Lazaretten und von 70 wusste man bereits, dass sie nie mehr in die Heimat zurückkehre werden. Demobilisiert wurde in Türkheim das

Landsturmbataillon Dillingen, dem mehrere Türkheimer und Männer aus Dörfern der Umgebung angehörten.

Wertachhochwasser

Zu aller Not kam an Weihnachten noch ein anders Unglück, ein Hochwasser der Wertach, die der Fluss um diese Zeit noch nie geführt hatte. Von der Höhe der Döring'schen Weiher war südlich das recht Flussufer bis weit in die Fluren hinein überschwemmt. Man konnte die vom Hochwasser umschlossene Wiedergeltinger Mühle nicht mehr erreichen. Auch die Waltermühle war von der Außenwelt abgeschlossen. An der Türkheimer Brücke wurde das linke Ufer erheblich unterspült und damit die Brücke äuserst gefährdet. Der Fahrverkehr musste eingestellt werden. Man atmete erleichtert auf, als am Mittag des 24. Dezember der Pegelstand erstmals fiel.

1919

Begrüßung der heimgekehrten Soldaten

Am Sonntag den 9. Februar veranstaltete die Marktgemeinde eine Begrüßungsfeier für die zurückgekehrten Kriegsteilnehmer. Nach einem Gottesdienst für die 73 Gefallenen und 9 Vermissten fand in der Turnhalle ein Festakt statt. Ein gemeinsames Essen in den Gasthöfen Krone und Alder vereinte die Heimgekehrten. An jeden wurde eine Kriegsgedenk-Münze abgegeben.

Revolutionäre und Konterrevolutionäre

Im Laufe des Winters bildete sich auch in Türkheim eine Gruppe von sog. Spartakisten, einer extremen Gruppe der Linken. Um diesen keine Möglichkeit zu Übergriffen zu geben, wurde „zur Abwehr der angestrebten roten Herrschaft" eine Abteilung des „Bundes Oberland" eingerichtet. Auf einen Aufruf traten ihr in kurzer Zeit 80 Türkheimer bei. Sämtliche Mitglieder wurden bewaffnet. An jeden wurde ein Gewehr mit Munition ausgegeben. Auch einige Maschinengewehre wurden zur Verfügung gestellt und auf dem Ludwigsberg eine kleine Kanone postiert. Als man in Türkheim von der Ermordung Kurt Eisners in München erfuhr und Gerüchte von der Bildung einer bürgerlichen bayerischen Regierung laut wurden, rechnete man mit einem baldigen Ende der Räteherrschaft. Überall wurde nun zur Niederwerfung der immer noch schwelenden Revolution und zur Beseitigung der roten Regierung aufgerufen. Da oft tagelang keine Verbindung mit den Städten hergestellt werden konnte, keine Eisenbahn verkehrte und keine Post befördert wurde, war man über die Vorkommnisse im Unklaren.

In der Endphase des Räteregimes in Bayern wurde bei Buchloe noch ein Flugplatz angelegt. Die bis dahin noch nie gesehenen Flugübungen, besonders die Sturzflüge, wurden auch von vielen Türkheimern bestaunt.

Um die Osterzeit stieg die Spannung erheblich. Man fühlte förmlich, dass es nun zu einer Entscheidung kommen muss. Die meisten waren sich über den Ausgang klar.

Auf der Landstraße von Memmingen nach Buchloe – also über den oberen Bahnhof – fuhren nun öfters Lastwagenkolonnen württembergischer Wehrverbände mit bewaffneten Angehörigen der Weißen Garde gegen München. Am Karfreitag den 18. April wurden von einem Flugzeug aus Flugblätter mit einem Aufruf an die Bauern, sich der „Roten Garde" anzuschließen über Türkheim abgeworfen. Das Flugblatt war vom Vollzugsrat der Arbeiter- und Soldatenräte München unterzeichnet. Am Abend des gleichen Tages wurden von einem anderen Flugzeug Flugzettel mit einem Aufruf an die bayerische Bevölkerung, die „Weiße Garde" zu unterstützen, zu Tausenden über dem Markt abgeworfen. Am 21. April, am Ostermontag, warf ein Flugzeug weitere Flugblätter über Türkheim ab. Sie enthielten eine Aufforderung an die Einwohnerschaft, „sich unverzüglich den Bayerischen Reichswehrtruppen, dem bayerischen Schützencorps, Sammelstelle Ulm", anzuschließen. Dem Aufruf folgten auch einige Türkheimer. Wenige Tage darauf erfuhr man von der blutigen Niederwerfung der Revolution in München, die aus der bitteren Not der Zeit entstanden war. Man erfuhr von der Beseitigung der Räteregierung und von der Einsetzung einer bürgerlichen Regierung in Bayern.

1920

Nachkriegszeit

Langsam normalisierten sich die Lebensverhältnisse. Die Menschen, bisher in ihren politischen Meinungen stark differenziert, begannen nun die Gegensätze abzubauen. Man war sich darüber einig, dass es nie mehr einen Krieg geben darf.

Nur zögernd setzte die Belebung der Wirtschaft ein. Die Preise für Lebensmittel und Bedarfsgüter stiegen jedoch weiter an. Damit wurde auch das Geld immer mehr entwertet.

Rückkehrer

Noch Jahre über den Krieg hinaus kamen Türkheimer aus der Kriegsgefangenschaft zurück. Einer brachte aus Frankreich, wo er während des Krieges interniert war, seine vielköpfige Familie mit. Ein anderer holte noch ein paar Jahre später seine rumänische Frau nach Türkheim

Brand bei der Waltermühle

Am 25. November brannte in den frühen Morgenstunden der Sägebetrieb der Waltermühle vollständig ab. Eine Brandursache wurde nicht bekannt.

1921

Geldentwertung

Mit jedem Monat kletterten die Preise höher. Die fortschreitende Geldentwertung führte zu einem Zahlenspiel, wie es noch kein Land der Erde erlebt hatte. Schon anfangs 1921 bezahlte man das 10fache für Lebensmittel als vor dem Kriege. Ein Mittagessen kostete in Türkheim fünf bis sechs Mark, ein Liter Milch vier Mark, ein Liter Bier sechs Mark, ein Pfund Brot zwei Mark, ein Pfund Rindfleisch zehn Mark, ein Pfund Butter 38 Mark, ein Herrenhemd 90 Mark und ein Anzug 750 Mark.

Die Preise stiegen nicht nur täglich, sondern oft gleich mehrmals an einem Tag. Die Menschen, gewohnt einen Notpfennig im Hause zu haben, konnten sich einfach nicht damit abfinden, das vereinnahmte Geld gleich wieder auszugeben. Oft schon wenige Tage später konnte man für einen vereinnahmten Wochenlohn oder das Milchgeld, das man öfters im Monat ausbezahlte, kaum mehr ein Zichorie-Päckchen kaufen. Wo es ging, ließ man sich mit Ware, besonders mit Lebensmittel, entlohnen. Auch in den Geschäften wurde die Ware vielfach mit Lebensmittel bezahlt. Daraus zogen die Bauern die meisten Vorteile. Der Tauschhandel blühte an allen Ecken und Enden. Arm war, wer nichts zu tauschen hatte. Viele wussten die Zeit wohl zu nützen und vermehrten ihren Besitz. Andere gerieten in bittere Armut. Die noch vor dem Kriege sauer verdienten Ersparnisse zerrannen wie Seifenblasen. Der einzige Vorteil der Geldentwertung war, dass man damit die Schulden abschütteln konnte. Sie zerrannen von selbst.

Auswanderer

In diesen Jahren nach dem ersten Weltkrieg verließen eine Anzahl junge Tükrheimer die Heimat, um sich in Übersee, besonders in USA, anzusiedeln. Für Bauernsöhne und Handwerker war die Einreise erleichtert. Die deutsche Arbeitskraft stand hoch im Kurs. Einige der Ausgewanderten fasste in der neuen Welt schnell Fuß, andere kehrten, wie sie den letzten Dollar zur Heimreise erspart hatten, in die Heimat zurück.

1922

Unwetter

Am Abend des 20. Juli ging ein schweres Unwetter über Türkheim und Umgebung nieder. Die Ernte wurde auf der Türkheimer Flur zu 80 bis 100 % vernichtet. Taubeneigroße Hagelkörner bedeckten die Felder und Gärten. Noch am nächsten Morgen sahen die Fluren gegen Rammingen wie eine Winterlandschaft aus. In den Gärten standen die Bäume kahl und hunderte von Fensterscheiben waren zertrümmert. Im Gasthof Krone zählte man allein sechzig. Die Straßen des Marktes waren mit zerbrochenen Dachziegeln und Ästen von Bäumen übersät. Der Ortsbach überschwemmte Straßen und Höfe und bildete umfangreiche See. Die ältesten Türkheimer konnten sich eines solchen Unwetters nicht erinnern.

Inflation

Mittlerweile schritt die Inflation weiter. Im Herbst bezahlte man für den Dollar (Parität zur Mark) 2800 Mark. In Türkheim kostete zu dieser Zeit eine Semmel fünf Mark, ein Pfund Butter 500 Mark und ein Päckchen Tabak 150 Mark. Anfangs November musste man für das Pfund Butter schon 1000 Mark, ein Pfund Ochsenfleisch 400 Mark und für einen Brief 12 Mark Porto bezahlen.

Die Notenpressen kamen mit dem Druck von Geldscheinen kaum mehr nach. Schon bald nach der Ausgabe waren die Banknoten wertlos. Man begann einfach die entwerteten Bestände mit dem neuen Wert zu überdrucken. Dasselbe machte man mit den Postwertzeichen.

Entfernung der Monarchie-Bilder

Ende des Jahres wurden nach einem gemeindlichen Beschluss die Monarchie-Bilder aus dem Rathaus und aus den Schulen entfernt. Die Maßnahme wurde nach wiederholten Eingaben von republikanischer Seite verfügt.

1923

Inflation

Die Besetzung des Ruhrgebietes durch die Franzosen und Belgier anfangs Januar hatte ein erhebliches Ansteigen des Dollars zur Folge. Mitte Januar kostete er 20.000 Mark, am 1. Februar schon 42.000 Mark. Anfangs Mai war die Mark auf den 10.000sten Teil des ehemaligen Goldwertes gefallen. Am 26. Mai wurde der Dollar schon mit 61.000 Papiermark (ungedecktes Geld), am 1. Juni mit 74.000 und Ende Juni mit 182.000 Mark bezahlt. Ein Ei kostete jetzt schon 800 Mark, eine Semmel 250 Mark und zwei Pfund Brot 3.200 Papiermark. Mit der sich dauernd verändernden Verrechnung kamen weder Geschäftsleute noch Käufer mit. Von einer geordneten Abwicklung des Geschäftslebens war längst keine Rede mehr. Man erzählt noch heute, dass die Bauern für ihre Erzeugnisse – soweit sie diese nicht mehr für Ware eintauschen konnten – Riesensummen an Papiermark einnahmen. Einige sollen ganze Schubladen voll von Geldscheinen besessen haben. Noch im Juni kletterte der Dollar auf rund 220.000 Mark. Eine Toilettenseife kostete Ende Juli 10.000 Mark, 100 gr. Tabak 20.000 Mark, zwei Pfund Brot gleichfalls 20.000 Mark und ein Pfund Kaffee 150.000 Mark. Mitte September rechnete man schon mit Millionen. Am 20. September gab die Marktgemeinde Türkheim Notgeld in Scheinen zu 5, 10, 20 und 50 Millionen im Gesamtwert von 200.000.000.000 Papiergeld heraus. Größere Orte der Umgebung, Bad Wörishofen, Mindelheim u.a., hatten schon im August Notgeld herausgebracht. Diese nur im lokalen Bereich beschränkten gültigen Geldscheine wurden besonders zur Bezahlung gemeindlicher Dienstleistungen verwendet und zu einem bestimmten Zeitpunkt zur Einlösung aufgerufen. Sie erfolgte meist nicht mehr.

Zu Beginn des Monats Oktober musste man eine Semmel mit 10.000.000 und ein Pfund Zucker mit 900.000.000 Papiermark bezahlen. Ende des Monats stand der Dollar schon nahe an der Billionengrenze. Gegen die Mitte des Monats November kostete im Gasthof Krone ein Mittagessen 70.000.000.000 Papiermark. Für ein Paar Strümpfe musste man 3.000.000.000.000 Mark ausgeben.

Währungsreform
Der 15. November brachte endlich die Beendigung dieses beispiellosen Zahlenlabyrinths. Der Dollar stand am Umrechnungstag auf 4.200.000.000.000 Papiermark. Der Umrechnungskurs – es kam nun die sogenannte Rentenmark zur Ausgabe – wurde auf eine Rentenmark für 1.000.000.000.000 Papiermark festgesetzt. Es dauerte jedoch noch eine geraume Zeit, bis die neuen Münzen und Banknoten ausgegeben wurden. Die Staatsbeamten und die Rentner bekamen das neue Geld zuerst in die Hände. Man fand sich nach den Tausendern, den Millionen und Milliarden nicht mehr zurecht, auf einmal wieder mit Mark und Pfennig rechnen zu müssen. Die Bauern taten sich besonders schwer, da sie jetzt für ihre Erzeugnisse recht wenig erhielten und der Tauschhandel auf einmal zum Erliegen gekommen war.
Ein Ei kostete nun wieder sechs Pfennig, ein Liter Milch 18 Pfennig, ein Pfund Rindfleisch 80 Pfennig und ein Liter Bier 42 Pfennig. Der Stundenlohn eines Arbeiters war wieder 40 bis 50 Pfennig. Man fing von neuem an zu sparen an, wie man es gewohnt war. Hatten sich die Schulden an Private und Geldinstitute durch die Entwertung von selbst aufgelöst, so mussten jetzt die langfristigen Bodenzinsen in Rentenmark bezahlt werden. Damit waren besonders die Kleinbauern schwer belastet.

Feuer beim Höllbauer

Aus ungeklärter Ursache brach im Anwesen des Hans Holzmann (Höllbauer) ein Brand aus, der das Wohn- und Wirtschaftsgebäude vollkommen einäscherte. Die Nachbaranwesen waren stark gefährdet.

1924

Brand beim Hecht

Am Martinitag brannte das Anwesen Fischer (Hechtbauer) gleichfalls bis auf die Grundmauern nieder. Auch hier konnte die Ursache nicht festgestellt werden.

Im Laufe des Jahres kam das wirtschaftliche Leben in Türkheim wieder besser in Fluss. Die Melvofabrik A. Lehne erhöhte die Belegschaft erheblich. Das Fertigungsprogramm wurde jetzt auch auf Schuhkartons und Feinpappen ausgedehnt. Es boten sich nun auch weitere Verdienstmöglichkeiten im Ort. Das Steueraufkommen der Gemeinde verbesserte sich merklich.

Wahlen

Bei den Bürgermeister- und Gemeinderatswahlen wurde Bürgermeister Wiedemann mit 809 von 895 Stimmen wiedergewählt. Das Ergebnis der gleichzeitigen Reichstagswahlen war in Türkheim folgendes: Bayerische Volkspartei 603, Sozialdemokratische Partei 147, Deutsch-Nationale 53, Völkischer Block (Nationalsozialistische Einheitspartei) 43, Aufwertungs- und Sparerpartei 14 und Splitterparteien 20 Stimmen.

1925

Bautätigkeit

Mit dem Jahre 1925 besserten sich die wirtschaftlichen Verhältnisse zusehends. Handel und Gewerbe erhielten damit erheblichen Auftrieb und dem örtlichen Handwerk mangelte es nicht mehr an Aufträgen. Die Bautätigkeit wurde durch den Sparsinn der Bevölkerung stark belebt. So entstanden damals am linken Ufer der Wertach die ersten Häuser der heute umfangreichen Wertachsiedlung. Gleichzeitig wurde am Gernerweg eine Anzahl von Einfamilienhäuser erbaut. Das letztere Baugebiet erhielt nach dem Baumeister der Häuser, Georg Sauter, den noch heute üblichen Namen „Georgenviertel".

1926

Straßennamen

Am April wurde eine Neubenennung bzw. eine Erstbenennung der Türkheimer Ortsstraßen vorgenommen. Sie umfasste 28 der im Ortsbereich liegenden Straßen. Fast alle Straßennamen haben sich bis heute erhalten. Die jahrhundertealte Hausnummerierung wurde noch weiter geführt. Heftige Kritik wurde an der Benennung der heutigen Jakob-Sigle-Straße in Maximilian-Philipp-Straße geübt. Man sagte, der Gründer und Förderer des Marktes wäre wohl einer Benennung einer bedeutenderen Straße wert gewesen. Später wurde die Hauptstraße, die sog. Herrenstraße, dann in Maximilian-Philipp-Straße umbenannt.

Salamander

Wegen Exportschwierigkeiten musste die Kunstlederfabrik A. Lehne, ein Zweigbetrieb der Salamanderwerke, der schon ein Jahr vorher teilweise Kurzarbeit eingeführt hatte, für ca. acht Wochen die Produktion einstellen.

Post

Ein neues Postgebäude an der Bahnhofstraße wurde erbaut. Gleichzeitig entstand südöstlich des „kleinen Bahnhofes" ein Schwesternheim des Vereins für Ambulante Krankenpflege.

Wertachbrücke

Man konnte den Neubau einer Wertachbrücke nicht mehr hinausschieben. Nach der gemeindlichen Beschlussfassung zum Neubau wurde die Ausführung der Betonbrücke an die Firma Moll, München, zum Preise von 38.000 Rentenmark vergeben.

1927

Wertachbrücke

Anfangs 1927 wurde mit dem Bau einer Wertachbrücke begonnen. Ein Jahr später konnte die Brücke bereits dem Verkehr übergeben werden. Auf der Brücke kam eine von Frau Sigle gestiftete Statue des Brückenheiligen Johann von Nepomuk zur Aufstellung. Die vorzügliche Skulptur war von Bildhauer Weiser, München, gefertigt worden.

1929

Wetter

Ein außergewöhnlich strenger Winter war von 1928 auf 1929. Im Januar und Februar war es mehrere Wochen lang zwischen 25 und 35 Grad kalt. Mehrmals sank das Thermometer auf 33 - 35 und ein paar Mal sogar auf 38 Grad. Alte Türkheimer sagten, dass sie noch niemals einen solchen sibirischen Winter erlebt hatten. Ein großer Teil der Vögel und des Wildes kam bei dieser grimmigen Kälte um. Man erzählte später, dass noch im März der Boden bis zu einem Meter tief gefroren war.

Salamander

Auch der Türkheimer Kunstleder- und Pappen-Werk stellte anfangs Januar die Produktion für einige Monate ein. Zu der zeitweisen Betriebsstillegung trug die grimmige Kälte, die die betriebliche Wasserkraftanlage lahmlegte, erheblich bei.

Feuer

Von zwei schweren Brandunglücken wurde der Markt im Herbst betroffen. Am 18. September, an einem Sonntagmorgen, brannte das Wohngebäude des Gutshofes Ludwigsberg vollständig ab. Mit Mühe konnte noch das Mobiliar und die Einrichtung der Hauskapelle gerettet werden.

Eine Woche später, am 26. September, brach im Anwesen Kolb, im Ostteil des Ortes, ein Feuer aus, das in kurzer Zeit das gesamte Wohngebäude mit Stallung und Scheune einäscherte.

1930

Salamander
Im Juli wurde der bis dahin noch unter der Bezeichnung A.
Lehne G.m.b.H. laufende Türkheimer Filialbetrieb der
Kronwestheimer Schuhfabriken in Salamander AG –
Zweigniederlassung Türkheim, umbenannt. Zum Verkauf der
Türkheimer Erzeugnisse wurde eine Tochtergesellschaft, die
Melvo-Vertrieb G.m.b.H. Türkheim, gegründet.

1931

Schnee im März

Am 7. März musste nach einem mehrtägigen ununterbrochenen Schneefall der große Bahnschlitten gefahren werden, was kaum alle zehn Jahre notwendig war. Der riesige Bahnschlitten wurde von zehn Pferden gezogen. Zur Beschwerung stellten sich noch ein Dutzend Männer darauf. Befahren wurde die Staatsstraße und die Tussenhauser-Straße innerhalb der Flurgrenze.

1932

Schnee im März

Am 9. und 10. März fiel über ein halber Meter Schnee und erforderte erneut das Räumen der Straßen. Das war jeweils ein Riesenspaß für die Buben, die dem seltenen Gefährt folgten.

Hochwasser

Am 10. Juli führte die Wertach nach starkem Gewitterregen schweres Hochwasser. Beim Zollhaus traten die Wassermasse über die Ufer und überschwemmten die Felder bis fast zur Türkheimer Ortsgrenze. Durch das Hochwasser wurde im nahen Ettringen das Wehr bei der Lang'schen Papierfabrik weggerissen. Nachdem der Pegel schon gesunken war, erreichte ein weiteres, durch erneute Regengüsse verursachtes Hochwasser wieder die gleiche Höhe. Die Eisenbahnbrücke südlich des Zollhauses wurde dabei stark gefährdet und musste zum Teil erneuert werden.

Wirtschaft und Arbeitslosigkeit

Der Mitte der Zwanzigerjahre zu guten Hoffnungen berechtigte Auftrieb der deutschen Wirtschaft hielt nicht allzulange an. Durch die Weltwirtschaftskrise ausgelöst, trat ein schneller Rückgang des Exportes ein, der ein rasches Absinken der Produktion und damit eine erhebliche Arbeitslosigkeit zur Folge hatte. Als sich die Zahl der Arbeitslosen immer stärker vermehrte – sie betrug nun schon mehrere Millionen – richtete das Arbeitsamt Memmingen auch in Türkheim eine Zahl- und Meldestelle ein. Zeitweise, besonders in den Wintermonaten der Jahre 1929 – 1934, waren in Türkheim oft nahezu 150 Erwerbslose registriert. Die angeordneten Notstandsarbeiten und die gewährten Unterstützungen reichten kaum zu einem dürftigen Leben.

Die Kriminalität war jedoch, trotz der Massenarbeitslosigkeit und der in weiten Volksschichten herrschenden Not – an der heutigen Zeit gemessen, sehr gering.

1930 bis 1932 war in Deutschland mit rund sieben Millionen Arbeitslosen der Höhepunkt dieser weltweiten Wirtschaftskrise. Zu den Millionen registrierter Erwerbslosen kamen ungezählte Unerfasste, die auf den deutschen Landstraßen zogen, vom Bettel und allen erdenkbaren ehrlichen und unehrlichen Handelschaften lebten. Nach Schätzungen betrug ihre Zahl gleichfalls mehr als eine Million. Sie bildeten eine erhebliche Belastung für die Gemeinde, da diese Herberg- und Verpflegungsstationen einrichten und unterhalten mussten. In Türkheim wurde die Übernachtungsstelle im Gasthaus Fäßle eingerichtet.

Politische Lage
Die wirtschaftliche Lage verschlechterte sich weiter. Viele Industriewerke lagen jetzt schon vollkommen still. Dadurch wurde auch die politische Lage immer kritischer. Der Wirtschaftsruin begünstigte besonders das Aufkommen der NSDAP. Die Versprechungen der Partei unter dem Schlagwort „Arbeit und Brot" und die nationalistischen Parolen bewogen viele der NSDAP und ihren Gliederungen beizutreten. Man war überrascht, wie viele sich nun auch im Markte dazu offen bekannten.

Ehrenbürger Sigle
Am 9. Dezember verlieh die Marktgemeinde Türkheim Herrn Geheimrat Jakob Sigle das Ehrenbürgerrecht. Der Geehrte hatte, über den Ausbau des Türkheimer Salamander- zweigwerkes, das schon damals um 200 Personen beschäftigte, hinaus, alljährlich der Gemeinde bedeutende Zuwendungen gemacht. Damit konnte in Notjahren, besonders zur

Weihnachtszeit, an Fürsorgeempfänger und minderbemittelte alte Türkheimer Geldbeträge, Lebensmittel- und Kohlengutscheine ausgegeben werden. 1932 erhielt die Gemeinde erneut 3.000 Mark.

1933

Machtergreifung

Am 30. Januar vollzog sich – wie überall – auch in Türkheim der politische Umschwung, der das Leben über Jahre bestimmte. Mit großem propagandistischem Aufwand wurde die sog. Machtergreifung durch die Nationalsozialisten gefeiert. Zahlreiche Häuser waren mit Hakenkreuzfahnen geschmückt. Man war höchst erstaunt, wie schnell sich diese Wandlung vollzogen hat. Der Beitritt zur Partei und ihren Organisationen nahm nun erheblich zu. Viele veranlasste dazu die Sorge, Arbeitsplatz, Stellung und Aufträge zu verlieren. Reine politische Überzeugung war bei wenigen der Anlass. Dazu kam aber noch die systematische wohlberechnete und auch wirksame Einschüchterung der Bevölkerung durch die sog. Schutzhaftnahme. Durch diese wurden einige angebliche Gegner der Partei in jedem Ort verhaftet und eine gewisse Zeit in Gefängnisse oder in sog. Konzentrationslager in Gewahrsam gehalten. Durch die Maßnahme wurde jede Gegnerschaft zur Partei weitgehend unterbunden. So wurden auch in Türkheim zwei der Bayerischen Volkspartei (Stefan Singer und Josef Weber) und zwei der politischen Linken angehörenden Bürger (Georg Zech und Benedikt Wech) für einige Zeit inhaftiert. Damit wurde der Zweck, die Gegner mundtot zu machen, schnell erreicht. Hier muss jedoch deutlich erwähnt werden, dass der weitaus überwiegende Teil der Salamander-Belegschaft, von der Geschäftsleitung bis zum Hilfsarbeiter, sich den nationalsozialistischen Parolen nicht oder nur gezwungen unterwarf.

Das Weitere vollzog sich wie in jeder Stadt und in jedem kleinen Dorf. Die Uniformierung der Bevölkerung, d.h. der nun schon zahlreichen Mitglieder der NS-Organisationen, war eine der ersten Maßnahmen. Gleichzeitig wurde auch die

Erfassung und politische Schulung der gesamten Jugend, vom Schulpflichtigen bis zum Heranwachsenden, von der Partei übernommen. Bei den nun häufigen Veranstaltungen, Aufmärschen und Kundgebungen, die nicht zuletzt der nationalsozialistischen Massenberieselung dienten, beherrschte jetzt die braune Uniform das Bild.

Ehrenbürger

Am 9. Mai wurde durch einstimmigen Beschluss des Gemeinderates an Reichspräsident von Hindenburg, Reichskanzler Hitler, Reichsstatthalter von Epp und Gauleiter Julius Streicher das Ehrenbürgerrechte der Marktgemeinde Türkheim verliehen. Streichers Eltern hatten in Türkheim ihren Lebensabend verbracht. Daraus ist die Verbindung des Frankenführers und Herausgebers des „Stürmers", einer antisemitischen Hetzschrift, die nicht unwesentlich zum Judenhass und seinen Folgen beigetragen hat, mit Türkheim zu verstehen.

Neuzusammensetzung des Gemeinderates

Im Juli erklärten die der Bayer. Volkspartei angehörenden Gemeinderatsmitglieder geschlossen ihren Austritt aus dem Gemeindegremium. Mit dem sog. Nachrücken von Mitgliedern der NSDAP wurde die längst gewünschte nationalsozialistische Einheit im Türkheimer Gemeinderat erreicht

Die gemeindlichen Belange wurden jetzt ausschließlich durch die Partei bestimmt. Wohl existierte der Gemeinderat noch dem Namen nach, doch glich er mehr einem Gesangsverein, der nach den vorbereiteten und gewöhnlich einstimmig angenommenen Beschlüssen das Horst-Wessel-Lied, ein sog. Kampflied der SA, absingen und ein donnerndes „Sieg-Heil" auf Adolf Hitler anstimmen musste.

Pater Kasimir

Im Juli wurde wegen „parteischädigendem Verhalten und staatsgefährdenden Äußerungen" Pater Kasimir, Guardian des Türkheimer Kapuzinerklosters, verhaftet. Es wurde weiter verfügt, dass nach seiner etwaigen Entlassung keine Rückkehr in das hiesige Kloster gestattet wird. Darüber wurde der Provinzial des Ordens unterrichtet.

Julius Streicher – wird zum Ehrenbürger

Im Oktober wurde in einem „feierlichen Akt" im Rathaussaal Julius Streicher, dem Freund Adolf Hitlers, dem verdienten Wegbereiter und Vorkämpfer des Nationalsozialismus" – wie es in den Reden zum Ausdruck kam – die Urkunde der Ehrenbürgerschaft des Marktes verliehen.

Loretokapelle

An lokalem, unpolitischem Geschehen ist besonders die würdig begangene 250-Jahrfeier der Loretokapelle zu erwähnen.

Wetter

Das Frühjahr war sehr regenreich. Man zählte im Mai 24 und im Juni 27 Regentage. Trotzdem gab es noch eine gute Ernte

Not

Da im Herbst die Not noch kaum merklich gelindert war und Mittellose noch in Scharen bettelnd über die deutschen Straßen zogen, führte die Marktgemeinde ein Ortsgeschenk von 25 Pfennig ein, das an alle Durchwandernden abgegeben wurde. Es waren oft an einem Tag mehr als 20 Personen, die diese gemeindliche Unterstützung in Anspruch nahmen. Gleichfalls hatte die Gemeinde Unterkunftskosten zu tragen. Das Kapuzinerkloster gab täglich an Durchreisende Dutzende von Portionen warmer Speisen aus.

Die wirtschaftliche Lage im Markte besserte sich nur zögernd. Wohl gab es nun schon mehr Arbeitsplätze, doch wurden viele Einstellungen von der Zugehörigkeit zur NSDAB abhängig gemacht.

1934

Wetter
Vom Josephitag bis weit in den Juni hinein fiel nur an ein paar Tagen kaum nennenswerter Regen.

Feuerwehr
Als bedeutendste gemeindliche Maßnahme der Zeit ist die Beschaffung einer längst erforderlichen Motorspritze im April zu erwähnen. Dadurch wurde bei Brandunglücken ein wesentlich rascherer Einsatz der Feuerwehr erreicht.

Wertachkorrektion
Eine erforderliche Korrektion der Wertach musste durchgeführt werden. Zwischen der Türkheimer Brücke und dem oberen Wehr wurde eine beträchtliche Erweiterung des Flussbettes vorgenommen. Dabei fand eine große Anzahl Erwerbsloser des Arbeitsamtsbereiches Memmingen Beschäftigung.

Salamander
Aufsehen erregte im Markte Türkheim der Transport eines neuen, 12 m langen und 600 Zentner schweren Dampfkessels vom Bahnhof zum Salamanderwerk. Der riesige Kessel war von der Firma MAN hergestellt worden.
Öfters kam jetzt im Gemeinderat „die marxistische Verseuchung" der Salamander-Belegschaft zur Sprache. Von mehreren Seiten wurden entsprechende Maßnahmen gefordert. Doch wagte man sich nicht irgendeine Aktion einzuleiten, da die Salamander zu dieser Zeit 300 Personen beschäftigte und auch ein guter Steuerträger der Gemeinde war.

Vereidigung auf den Führer

Anfang September wurde in einer feierlichen Sitzung jedes Mitglied des Gemeinderates auf den „Führer" vereidigt.

Julius Streicher

Bei einem Besuch Streichers in Türkheim Ende des Jahres wurde erstmals von einer geplanten Thingstätte auf der Römerschanze gesprochen. Die Anlage sollte, ähnlich wie auf dem Bückeberg, Partei- besonders jedoch Bauernkundgebungen dienen. Am Fuße des Haldenberges war eine vielgleisige Bahnhofanlage geplant. Streicher ließ von dem Nürnberger NS-Architekten Prof. Roth zwei Modelle der zu erbauenden Versammlungsstätte anfertigen. Die Modelle kamen bereits Anfang Januar 1935 im Rathaus zur Aufstellung. Die erheblichen Kosten hätte die Gemeinde zu tragen. (Die Modelle standen noch 10 Jahre im Rathaussaal, wurden 1957 in die Heimatstube übernommen und anfangs der 60er Jahre wegen Platzmangel beseitigt.)

Freibad

Noch im Dezember beschloss die Gemeinde eine neuzeitliche Sommer-Badeanlage anzulegen. Dazu wurde 1 ha Grund am Langweidbach in den Eulenteilen um 9 Mark für das Dezimal erworben. Die Grundstückeankaufskosten betrugen rund 2.000 Mark. Die Planung wurde beschleunigt durchgeführt und mit dem Bau schon im März begonnen. Die Anfuhr von Baumaterial erfolgte in Gemeinschaftsarbeit. Neben dem geräumigen Wasserbecken wurden Heckennischen und ein Steingarten angelegt und die Einfriedung der gesamten Anlage mit Bäumen und Sträuchern vorgenommen.

1935

Freibad

Nach dreimonatiger Bauzeit konnte das Bad im Juni 1935 eröffnet werden. Die Gesamtkosten der Anlage betrugen 35.000 Mark

Bürgermeister Wiedemann wird verabschiedet.

Im März wurde in einer Sondersitzung des Gemeinderates Bürgermeister Wiedemann verabschiedet. Seine von der Partei längst angestrebte Ruhestandsversetzung räumte nun der NSDAP die uneingeschränkte Macht im Türkheimer Rathaus ein. Bürgermeister Wiedemann hatte von 1902 bis 1935, also 33 Jahre lang das Geschick des Marktes Türkheim über gute und schlechte Zeiten zu aller Zufriedenheit, streng, korrekt und sparsam geleitet. Kurz nach Wiedemanns Ausscheiden übernahm dessen Neffe gleichen Namens, der Ortsgruppenleiter der NSDAP, die Amtsgeschäfte des 1. Bürgermeisters. Ihm muss, wenn er auch die Belange der Partei stark in den Vordergrund rückte, eine korrekte Gemeindeführung bestätigt werden.

Alfred Drexel

Im Sommer kam von Kaschmir die Nachricht vom Tode Alfred Drexels, des bekannten Bergsteigers und Alpinisten. Er war Teilnehmer einer Expedition in den Himalaja, die eine Erstbesteigung des Nanga Parbat, des zweithöchsten –Gipfels dieses gewaltigen Bergmassives, durchführen wollte. Durch einen plötzlichen Witterungsumsturz scheiterte das Vorhaben und forderte eine Anzahl Opfer.

Alfred Drexl, ein geborener Türkheimer und wie sein Vater Reichsbahnbeamter, war schon einige Tage vor dem Unglück in einem Lager in 6.000 Meter Höhe verstorben und dort bestattet worden.

Gleichschaltung

Die Ortsvereine, die überwiegend schon eine jahrzehnte lange Tradition besaßen, wurden gleichgeschaltet (d.h. Zusammenschluss der kulturtragenden Vereine unter der Leitung der NSDAP). Es waren jedoch nicht alle Vereine, die sich der vielkritisierten Maßnahme unterwarfen. Einige von ihnen stellten die gesamte Vereinstätigkeit ein.

Jakob Sigle +

Am 5. Juli verstarb in Kornwestheim der Ehrenbürger des Marktes, Geheimrat Jakob Sigle, der Seniorchef der Salamanderwerke. Die Gemeinde hatte Geheimrat Sigle manche Stiftungen, Zuschüsse und bedeutende Zuwendungen zu verdanken. An seiner Bestattung in Kornwestheim nahm eine größere Abordnung der Gemeinde teil. Bald darauf wurde die Wertachstraße, die über einige Jahre auch Maximilian-Philipp-Straße hieß, in Jakob-Sigle-Straße umbenannt.

1936

Schule

In diesem Jahr wurde auch an den Türkheimer Volksschulen die 8. Schulklasse eingeführt. Bis dahin gab es nur sieben Schulklassen.

Arbeitslage

Mit der Wiederaufrichtung der Wehrhoheit und damit der Einführung der Wehrpflicht und des sog. Reichsarbeitsdienstes erfuhr die Arbeitsmarktlage eine erhebliche Verbesserung. Eine Anzahl Türkheimer war am Bau militärischer Anlagen, besonders der nahen Flugplätze Lechfeld, Kaufbeuren, Memmingen und Wörishofen beschäftig. Weiter fanden beim Bau der Autobahnen Arbeit und Verdienst.

Badstraße

Die Wegverbindung Wörishofer-Straße – Volksbad wurde angelegt. Der Vorschlag, das Straßenstück Hindenburg-Straße zu benennen, erreichte keine Mehrheit. Da eine Bebauung der Straße vorgesehen war, wurde die Erstellung eines Baulinienplanes Türkheim Süd mit 80 Bauplätzen durchgeführt und so der erste Weg zu einer bedeutenden Ortserweiterung beschritten. Dazu wurde ein Vorschlag eingereicht, die neu anzulegenden Straßen nach sog. Blutopfern der nationalsozialistischen Bewegung zu benennen. Zum Vorschlag kamen zehn Namen, wie Horst Wessel u.a.

Ein Bediensteter von Ludwig II

Damals lebte in Türkheim noch Kutscher Heuchele, der 1886 auf Schloss Neuschwanstein Dienst tat, als man den unglücklichen Bayernkönig Ludwig II nach Schloss Berg verbrachte. Er war von den königlichen Stallungen in Schwangau mehrmals zu Fahrten nach Linderhof und auch nach München beordert worden. Heuchele erzählte in Türkheim oft von dem legendären bayerischen Monarchen, der schon damals in Bedienstetenkreisen für einen rätselhaften Menschen, für einen gekrönten Sonderling gehalten wurde.

1937

Rathausumbau

In diesem Jahr führte die Gemeinde einen längst erforderlichen Rathausumbau durch. Der Rathaussaal wurde vollkommen neu gestaltet. Er fand jetzt häufig zu Parteizwecken Verwendung. Die barocke Straßenfront des Bauwerkes wurde gewahr.

1. Mai und Erntedank

Mit großem Aufwand wurde nun jedes Jahr der 1. Mai und das Erntedankfest von der Partei ausgerichtet. Mit Massenkundgebungen und Umzügen demonstrierte der Nationalsozialismus nun auch in Türkheim seine uneingeschränkte Macht. Die kirchlichen Feste wurden bewusst immer weiter in den Hintergrund gerückt.

Von nun an wurde die Ausbildung zum zivilen Luftschutz intensiv betrieben. Die Übungen mussten auch mit der Volksgasmaske durchgeführt werden. Gleichzeitig wurde die Einrichtung von Luftschutzkellern in jedem Hause angeordnet. Ebenfalls musste für jeden Haushalt eine „Feuerpatsche" beschafft werden.

Primiz

Im Sommer feierte der in Türkheim geborene Kapuzinerpater Franz Xaver Haugg in der Pfarrkirche seine Primiz. Die Primizfeier konnte in diesem Jahr nicht mehr annähernd so feierlich begangen werden als vor der NS-Zeit.

1938

Ortsbebauung

Da in den Jahren 1935 – 38 die Bautätigkeit besonders am linken Wertachufer nördlich der Brücke erheblich zugenommen hatte, musste 1938 auch für den ortsnahen nordöstlichen Flurbereich ein Bebauungsplan mit rund 100 Bauparzellen erstellt werden. Die damals schon eine größere Anzahl von Einfamilienhäuser umfassende sog. Wertachkolonie wurde in den Baulinienplan einbezogen. Das Dezimal Baugrund kostete zu dieser Zeit um die 20 Mark.

Sirenen

Auf dem Zacher'schen Haus wurde eine Feueralarmsirene angebracht. Damit entfiel das altgewohnte Glockenanschlagen beim Ausbruch eines Brandes und auch die bis dahin geübten Trompetensignale. Man wusste zu dieser Zeit noch nicht, dass die Sirene besonders zu Luftschutzzwecken beschafft werden musste. Ihr späterer häufiger Einsatz löste oft genug Angst und Schrecken aus.

1939

Politische Lage

Im Laufe des Jahres verschärfte sich die politische Lage bedenklich. Die eilig betriebene deutsche Aufrüstung, die immer stärker ins Volk posaunte Parole „von der Befreiung aus den Ketten von Versailles" und vieles andere, gab dem Denken kein Rätsel mehr auf. Nach der „heim ins Reich"-Politik, bei der ohne Widerstand Österreich, das Sudetenland und die Tschecheslowakei „befreit" worden waren, wurde nun eine längst vorbereitete Eroberungspolitik mit den Waffen begonnen. Der Tragweite dieses Millionen von Opfern fordernden und unerfassbare Werte vernichtenden Krieges, war sich zu dieser Zeit noch niemand bewusst. Man wog daher auch den Angriff auf Polen, dem eine wochenlange Hetzpropaganda vorausgegangen war, nicht mehr so schwer.

Kriegsbeginn

Eine im Markt liegende Wehrmachtseinheit wurde bei Kriegsbeginn sofort abgerufen. Den Abtransport vom Kronenhof verfolgten mehrere ältere Türkheimer mit tiefer Besorgnis. Kaum einer der aktiv dienenden jungen Menschen freute sich auf diese „Abwechslung". Von einer Begeisterung wie beim Kriegsausbruch 1914 war keine Rede.

Schlagartig setzte in Presse und Rundfunk die Kriegspropaganda ein Die Heimatzeitung brachte die Meldung vom Einmarsch deutscher Truppen in Polen unter der Überschrift „in ernster stolzer Stunde".

Schon in den ersten Tagen erhielten zahlreiche Türkheimer aller Altersklassen den Einberufungsbefehl. Nicht wenige von ihnen brachten ihren Unwillen über den vom nationalsozialistischen Staat ausgelösten Krieg zum Ausdruck.

Zu den ersten Kriegsmaßnahmen gehörte die Beschlagnahme von privaten Kraftfahrzeugen und eine drastisch

Einschränkung des zivilen Kraftwagenverkehrs. Betriebsstoff durfte nur mehr für Partei-, Dienst- und lebenswichtige Versorgungsfahrten ausgegeben werden. Auch auf der Eisenbahn wurde der private Reiseverkehr bei Kriegsausbruch eingeschränkt.

Mit Kriegsbeginn wurde auch die Verdunkelung angeordnet. Die Straßenbeleuchtung musste eingestellt werden und vom Einbruch der Dunkelheit an durfte von Wohngebäuden, Betrieben und Stallungen kein Lichtschein nach außen dringen. Der längst eingerichtete örtliche Luftschutz nahm nun mit der Überwachung der Verdunklung und mit Aufklärungsvorträgen, deren Besuch zur Pflicht gemacht wurde, seine Tätigkeit auf.

Berg verliert seine Selbständigkeit

Vor einer für den Markt Türkheim bedeutsamen Angelegenheit erfuhr man in den ersten Kriegstagen. Noch kurz vor Kriegsbeginn hatte die Gemeinde auf eine vom nationalsozialistischen Staat ergangenen Verfügung hin, den bis dahin selbständigen Weiler Berg in den Ortsverband Türkheim aufgenommen. Berg hatte bis zu diesem Zeitpunkt lediglich zum Kirch- und Schulsprengel Türkheim gehört. Durch den staatlichen Erlass mussten kleiner Gemeinwesen in nahe größere Ortsverbände übergeleitet und deren einheitlicher Verwaltung unterstellt werden. Das Vermögen die ihrer Eigenständigkeit entzogenen Ortschaften wurde nun von den größeren Gemeinden eingezogen. So gelangte der erhebliche Besitz des Weilers Berg an den Markt Türkheim Dass diese Maßnahme unter der Bauernschaft Bergs bitteren Unwillen auslöste, ist wohl verständlich.

Überfall auf Polen

Täglich brachte die Lokalzeitung nun überschwengliche Berichte vom Vormarsch der deutschen Armeen in Polen. Am

22. September nahm die Zeitung die ersten Gefallenenanzeigen auf. Zwei junge Männer aus Dörfern der näheren Umgebung zählten zu den ersten Opfern des Krieges. Schon bald darauf kamen die Nachrichten über den Kriegstod von drei jungen Türkheimern:: Josef Miller war am 16., Hans Geiger am 17. und Heinrich Wittman am 20. September in Polen gefallen. In den Anzeigen hieß es allgemein: „Gefallen für Führer und Reich".

Lebensmittelrationierungen

Am 25. September kamen im Lokalblatt erstmals Einzelheiten über die bereits bei Kriegsbeginn bekanntgegebene Lebensmittelrationierung zum Abdruck. Die sofortige Ausgabe einer Reichsbrot-, Reichsfleisch- und Reichsfettkarte wurde angekündigt und die verschiedenen Gruppen der Bezugsberechtigten – vom Säugling bis zum Schwerstarbeiter – bekannt gemacht. Weiter wurden bereits Einzelheiten über die gleichfalls verordnete Rationierung von Milch, Zucker Marmelade Nährmittel, Seife und Waschmittel bekannt gegeben. Auch kam eine Verordnung über die Einführung der Bezugsscheinpflicht für alle Spinnstoff- und Schuhwaren zum Abdruck. Die Gemeinde gab die Errichtung einer Lebensmittelkarten- und Bezugsscheinstelle im Rathaus bekannt. Für die erstmals zur Ausgabe gelangenden Lebensmittelkarten waren z.B. für die drei Gruppen Kinder, Erwachsene und Schwerstarbeiter pro Woche folgend Rationssätze festgesetzt:

	Kinder	Erwachsene	Schwerstarbeiter
Brot:	1100 – 1700 gr.	2400 gr.	4800 gr.
Fleisch:	250 – 500 gr.	500 gr.	1000 gr.
Fett:	145 – 205 gr.	270 gr.	740 gr.

Hier soll kurz ein Vergleich mit späteren Rationssätzen eingefügt werden. Es kamen z.B. in der 102. Zuteilungsperiode vom Juni 1947 an Normalverbraucher – Erwachsene ohne Zulage – pro Woche zur Ausgabe: 1000 gr. Brot, 100 gr. Fleisch und 50 gr. Fett.

Kapitulation Polens

Nach der Kapitulation Polens berichtete die Heimatzeitung vom beispiellosen Blitzkrieg und vom genialen Feldherrn Hitler. Der Bericht war nach einem Ausspruch „des Führers" aus diesen Tagen in großen Lettern überschrieben: „Mit Mann und Ross und Wagen hat sie der Herr geschlagen".

Singschule

Das gemeindliche Leben wurde jetzt vom Kriege bestimmt. Eingeleitete und begonnene Maßnahmen, die nicht als kriegswichtig galten, mussten eingestellt werden. Erwähnenswert aus dieser Zeit ist lediglich die Einrichtung einer gemeindlichen Singschule. Sie sollte besonders dazu dienen, einen Nachwuchs von Sängern heranzubilden und die Liebe zu Lied und Gesang zu fördern. Als Singschullehrer konnte Alois Himer jun., ein begabter Sänger und Musiker, bestellt werden.

Eintopfsonntag

Von Oktober ab kam auch in Türkheim der von der NSDAP angeordnete sog. Eintopfsonntag zur Einführung. In Gaststätten musste und in Privathaushalten sollte an diesem Tag nur ein einfaches Gericht bereitet werden. Der damit eingesparte Betrag war bei einer gleichzeitigen Sammlung an das schon seit seinigen Jahren bestehende „Winterhilfswerk" abzuführen.

Ausgefallener Herbstmarkt

Der auf Anfang Oktober fallende Herbstmarkt wurde wegen mangelnder Anmeldungen von Fieranten abgesagt. Die

Zurückhaltung von Waren jeglicher Art wurde jetzt schon offensichtlich.

Reichskleiderkarten

Im November kam die Reichskleiderkarte zur Ausgabe. Sie enthielt 120 Punkte und eine Anzahl Sonderabschnitte. Für Spinnstoffwaren, Wäsche, Kleider usw. war eine gewisse Punktzahl festgesetzt. So hatte man z.b. anfänglich für ein Herrenhemd 15 für ein Frauenkleid 30 und für ein Paar Strümpfe 4 Punkte abzugeben (Später wurde die abzugebende Punktzahl wesentlich erhöht und dazu noch die Punktzahl auf der Kleiderkarte herabgesetzt). Die Geltungsdauer der Karte betrug ein Jahr. Für Schuhwaren wurden Bezugscheine ausgestellt. Die Bedürftigkeit musste nachgewiesen werden.

Jahreswende

Aus dem gemeindlichen Leben aus der zZit um die Jahreswende 39/40 ist kaum Nennenswertes zu berichten. An alle zum Wehrdienst einberufenen Türkheimer wurde ein Weihnachtsgruß verschickt. Vollzogen sich auch über die Wintermonate keine Kriegshandlungen, so blieb das kommunale Geschehen doch weiter den verordneten kriegsbedingten Maßnahmen unterworfen.

1940

Zugunglück

Am 14. Januar fuhr am Bahnübergang bei der sog. Anwander-Mauer ein mit Mehl beladener Lastzug in den von Markt Wald kommenden Personenzug. Der Zusammenstoß verursachte hohen Materialschaden. Auf beiden Seiten gab es glücklicherweise keine Verletzten.

Schnee und Überschwemmung

Nach einem tagelangen Schneefall blieb am 17. Februar bei der Straßenüberführung südlich des Gutes Ludwigsberg das „Staudenzügle" im Schnee stecken. Eine vom Benediktusberg sic lösende Schneewächte hatte das Geleis meterhoch verschüttet. Zum Ausschaufeln wurde die Türkheimer Feuerwehr alarmiert und die gesamte Bevölkerung durch gemeindliches Ausläuten aufgerufen. Wohl an die hundert Personen legten in mehrstündiger Arbeit das Bahngeleise wieder frei. Als jedoch für den Zug freie Fahrt gegeben wurde, war durch den starken Frost die Lokomotive mit den Waggons angefroren. Erst mit dem nächsten von Ettringen nachfolgenden Zug konnte das „Staudenbähnle" freigemacht werden und seine Fahrt fortsetzen.

Noch mehrmals musste um diese Zeit das Bahngeleise beim „kleinen Bahnhof" freigeschaufelt werden. Mannshohe Schneewächten hatten dort für längere Zeit den gesamten Bahnverkehr lahmgelegt. Als im Februar plötzlich Tauwetter eintrat, vermochte der durch den Markt fließende Langweidbach die Wassermassen nicht mehr aufzunehmen und überschwemmte besonders die nördliche Ortsstraße und eine Anzahl Höfe anliegender Bauern.

Metallsammlung

Ende März erbrachte eine in Türkheim durchgeführte Metallsammlung – als Geburtstagsgeschenk an den Führer bezeichnet – über 10 Zentner Bundmetall.

Sommerzeit

Am 1. April wurde die sogenannte Sommerzeit eingeführt und die Uhr um eine Stunde vorgerückt. Damit sollte zusätzliche Arbeitszeit gewonnen werden.

Kriegsverlauf

Mit der Besetzung Dänemarks und Norwegens durch die deutsche Wehrmacht anfangs April wurde auch eine seit Wochen im Markt einquartierte Pak-Einheit abgezogen. Mit den dort besonders eingesetzten Gebirgstruppen gelangten auch einige junge Türkheimer in den hohen Norden. Bei ihrem späteren Heimaturlaub erzählten sie von den landschaftlichen Schönheiten Norwegens.

SA-Wehrmannschaft

Noch während des Monates April musste auch in Türkheim eine SA-Wehrmannschaft aufgestellt werden. Damit wurden alle noch in der Heimat weilenden männlichen Einwohner der Jahrgänge 1900 – 1923 zu vormilitärischen Übungen verpflichtet.

Hochwasser

Nach einem, durch eine schnelle Schneeschmelze in den Alpen ausgelösten Hochwasser der Wertach rief die Gemeinde im Frühsommer zu einem Notdienst auf. Die Wassermassen des hochgehenden Flusses hatten einen erheblichen Einbruch in die Uferverbauung verursacht und eine schnelle Behebung der Schäden erforderlich gemacht. Die Einbruchstellen konnten mit Faschinenverbauungen abgesichert werden. An dem Notdienst beteiligten sich auch viele Mädchen und Frauen.

Kriegsverlauf

Als man am 10. Mai auch in Türkheim vom Einmarsch deutscher Wehrverbände in Holland, Belgien und Frankreich erfuhr, fanden schon viele, besonders Teilnehmer des ersten Weltkrieges, diese erneute Ausweitung des Krieges für bedenklich.

Gefallene

Die erste Gefallenenmeldung vom Westen traf am 17. Juni in Türkheim ein. Josef Schilling hatte bei den Kämpfen in Nordfrankreich den Kriegstod gefunden. Häufig standen nun Gefallenenanzeigen im Lokalblatt. Meist hieß es jetzt: „Gefallen für Großdeutschland" und bei Parteigenossen: „Er starb für seinen geliebten Führer".

Schlacht um Flandern

Nach der den Krieg im Westen entscheidenden Schlacht in Flandern wurden auch in Türkheim eine achttägige Beflaggung und ein halbstündiges Glockengeläute an drei Tagen angeordnet. Eine schon bald nach der Kapitulation Frankreichs von dort abgezogene Wehrmachtseinheit wurde bei ihrer Fahrt durch den Markt besonders von Parteiformationen jubelnd begrüßt.

Arbeitsdienstlager

Im Sommer war die Errichtung eines weiblichen Arbeitsdienstlagers in Türkheim geplant. Als Standort war der Schlossgarten vorgesehen. Der Staat erteilte die Genehmigung dazu kurzfristig. Nachdem die Vermessungen durchgeführt und die Pläne vom Reichsarbeitsdienst gefertigt worden waren, wurde die Gemeinde von der Errichtung des Lagers an einem anderen Ort benachrichtigt.

Löschgruppenfahrzeug und Luftschutzräume

Anfang Juli musste auf staatliche Anordnung von der Gemeinde ein Löschgruppenfahrzeug beschafft werden. Es war nicht allein für die lokale Brandbekämpfung vorgesehen. Gleichzeitig wurde die Errichtung von Luftschutzräumen in allen Gebäuden angeordnet. Von den dazu bestimmten Kellerräumen war ein Notausstieg anzulegen. Durch häufige Kontrollen wurde die Ausführung überwacht.

Einquartierung

Mitte September erhielt der Markt wieder eine Einquartierung. Es waren hauptsächlich Soldaten, die bereits im Kriegseinsatz gestanden hatten, zum Teil auch schon verwundet waren und aus Genesungskompagnien kamen. Sie wurden nun zu neuem Einsatz zusammengefasst. Die Einwohnerschaft trug zu ihrer Versorgung vieles bei. Mehrere Soldaten machten keinen Hehl daraus, dass sie des unsinnigen Krieges längst überdrüssig sind. Aber es war kaum das erste Kriegsjahr vergangen.

Kleider- und Schuhsammlung und Feldpostpäckchen

Ende des Jahres wurde eine Kleider- und Schuhsammlung für die Bessarabien-Deutschen durchgeführt. Das Ergebnis war in Türkheim gut.

Einige Wochen vor Weihnachten schickte die Gemeinde an alle in Türkheim beheimateten Soldaten ein reichhaltiges Feldpostpäckchen.

Kohlenknappheit

Waren schon im Winter 1939/40 Schwierigkeiten in der Versorgung der Bevölkerung mit Hausbrand, besonders bei

Kohle , aufgetreten, so ergaben sich auch im Winter 1940/41 erhebliche Mängel in der Anfuhr und Zuweisung. Eindringlich wurde vor der Verschwendung von Heizmaterial gewarnt. Mit einer originellen Figur, dem "Kohlenklau", die häufig in Zeitungen abgebildet war und von Plakattafeln, von Häuserwänden und besonders riesengroß auf Bahnhöfen zur Einschränkung im Kohleverbrauch mahnte, wurde zur sparsamsten Beheizung aufgefordert.

Miesmacher und Meckerer
Um diese Zeit tauchten in der Presse auch die Bezeichnungen „Miesmacher" und „Meckerer" auf. Damit waren Menschen gemeint, die sich noch ein Wort gegen die Allgewalt der NSDAP und auch gegen die fragwürdige Kriegsführung zu sagen wagten. Die Zeitungsleser wurden aufgefordert, diesen „Unbelehrbaren" eine gehörige Abfuhr zu erteilen und diese „Volksschädlinge" der Partei zu melden. (Es muss bei dieser Gelegenheit wiederholt werden, dass es in Türkheim und besonders unter der Belegschaft des Salamander-Werkes, noch eine große Anzahl von offenen Gegnern des Hitler-Regimes gab.)

1941

Balkankrieg

Am 6. April begann der Krieg auf dem Balkan. Die deutschen Angriffe richteten sich gegen Jugoslavien und Griechenland. Bei den dort eingesetzten Truppen, die meist von Norwegen und Frankreich abgezogen wurden, waren auch wieder viele junge Türkheimer, besonders Angehörige von Gebirgstruppen.

Kinderreiche Familie

Im Frühjahr kam ein Türkheimer, der nahezu 30 Jahre im westdeutschen Industriegebiet gelebt und dort eine umfangreiche Familie gegründet hatte, „mit Kind und Kegel" in seine schwäbische Heimat zurück. Für die zwölfköpfige Familie (weitere zwei Kinder kamen noch in Türkheim zur Welt) musste von der Gemeinde Wohnraum beschafft werden. Sie wurde vorübergehend im Saal einer Gastwirtschaft untergebracht.

Führers Geburtstag

In dem Bericht über die Feier anlässlich des Geburtstages Hitlers schrieb die Heimatzeitung u.a.: „In Türkheim war Haus für Haus die Hakenkreuzfahne gehisst". Das entsprach keineswegs den Tatsachen; denn in Türkheim gab es auch zu dieser Zeit noch viele Häuser auf denen noch niemals eine Hakenkreuzfahne gehisst worden war. Das von der Partei befohlene Hissen der Hakenkreuzfahne auf dem Turm der Pfarrkirche wurde von einem großen Teil der Bevölkerung heftig kritisiert.

Lebensmittelversorgung

Eine erste stärker fühlbare Einschränkung in der rationierten Lebensmittelversorgung erfolgte im Mai 1941. U.a. wurde die wöchentliche Fleischzuteilung für Normalverbraucher herabgesetzt. Mitten im Sommer schränkte man die Biererzeugung erheblich ein und setzte auch den Stammgehalt merklich herab. Durch unregelmäßige Anlieferung konnten die Wirte oft tagelang nicht einmal das nunmehrige Dünnbier ausschänken.

Russlandfeldzug

Am 23. Juni wurde der Krieg gegen Rußland vom Zaun gebrochen. Eine wohlvorbereitete Lawine von Menschen und Material rollte nun gegen Osten. Zu den Siegesmeldungen aus dem Balkan und von Nordafrika kamen jetzt die überschwenglichen Berichte vom schnellen Vormarsch in Rußland. „Führer befiehl, wir folgen", schrieb die Lokalzeitung in großen Lettern am ersten Tag des Rußlandfeldzuges.

Anfangs Juli kam bereits die erste Gefallenenmeldung von der nunmehrigen Ostfront. Soldat Johann Bissinger war als erster Türkheimer in russischer Erde bestattet worden. Kurze Zeit danach kam die Nachricht vom Kriegstod von Paul Geiger. In den nun immer häufiger in der Lokalzeitung abgedruckten Gefallenenanzeigen, die nur noch ein einheitliches Format haben durften und deren Anzahl pro Nummer beschränkt war, hieß es jetzt schon schlichter: „Er starb im Glauben an den Sieg".

Volkszählung und Sammlung

Eine im Juli in Türkheim durchgeführte Volkszählung ergab 2626 Einwohner. Um die Mitte des Monats wurde im Markt zu einer Spinnstoffsammlung aufgerufen. Damit forderte man die Einwohnerschaft eindringlich auf, alle entbehrbaren Stoffreste und Spinnstoffabfälle abzuliefern.

Glockenablieferung

Am 1. Oktober mussten die Glocken der Pfarrkirche abgenommen und abgeliefert werden. Nur die kleinste beließ man auf dem Turm. Als das mit großen Opfern der Einwohnerschaft erst 1924 erstandene wohlklingende Geläute am frühen Morgen dieses Tages noch einmal über den Markt hallte, beschwor es besonders bei den älteren Einwohnern bittere Erinnerungen an den ersten Weltkrieg herauf.

Kindertransporte

Im Spätherbst kamen weitere Kindertransporte aus dem westdeutschen Industriegebiet nach Mittelschwaben. Nach einem gemeindlichen Aufruf konnten etwa 30 Kinder Türkheimer Familien zugewiesen werden.

Fliegeralarm

Am 30. November wurde in Türkheim erstmals Fliegeralarm gegeben. Der größte Teil der Bevölkerung wusste nicht, wie er sich verhalten soll. Die meisten kümmerten sich kaum darum, manche befiehl jedoch panische Angst.

Schallplattensammlung und Weihnachtpäckchen

Anfangs Dezember wurde zu einer Schallplattensammlung für die Frontsoldaten aufgerufen. Mehr als zweihundert Stück konnten an die Sammelstellen weitergeleitet werden. Um die gleiche Zeit schickte das Rote Kreuz an alle Türklheimer an allen Fronten, in den Lazaretten und Kasernen ein Weihnachtspäckchen ab.

Textilsammlung

Als man von dem außergewöhnlichen Kälteeinbruch an der russischen Front hörte, führte man auch in Türkheim eine Wolle-, Pelz- und Wintersachensammlung durch. In kurzer Zeit wurden 800 Stück oder Paare gespendet. Eine bald

danach durchgeführte Sammlung von Skiern erbrachte rund
30 brachbare Paare.

1942

Gefallene

In einem Neujahrsaufruf der Partei an Front und Heimat kam „der Dank des Führers an seine Soldaten" zum Ausdruck. Zu dieser Zeit lagen schon Zehntausende von ihnen in russischer Erde begraben und viele Tausende mit schweren Verwundungen und Erfrierungen in den Lazaretten. Auch von 28 jungen Türkheimern wusste man bereits, dass sie nicht mehr in die Heimat zurückkehren.

Raucherkarten

Im Februar kam erstmals die Raucherkarte zur Ausgabe. Bis dahin musste man um Rauchwaren – die es jedoch selten gab – oft stundenlang anstehen. Mit der nunmehrigen Rationierung konnte die Herstellung besser überwacht und die Verteilung gerechter geregelt werden. Die Karten kamen an Männer über 18 Jahren und an Frauen von 25 bis 55 Jahren zur Ausgabe. Ältere Frauen, deren Söhne im Felde standen, erhielten gleichfalls die Raucherkarte. Nach den meist wöchentlich erfolgenden Aufrufen gab es pro Karteninhaber 20 Zigaretten oder 5 – 8 Zigarren oder auch auf zwei Abschnitte 50 gr. Tabak. Zur Zuteilung gelangten nur einheitliche, meist aus deutschen Tabaken hergestellte Erzeugnisse.

Rußlandfeldzug

Der Krieg in Rußland, wo eine umfassende Frühjahrsoffensive im Gange war, forderte jetzt erhebliche Opfer. Erstmals wurde sogar im Wehrmachtsbericht von schweren Abwehrkämpfen gesprochen. Von mehreren Türkheimern hatte man über lange Zeit keine Nachricht. Manche Ungewissheit klärte sich eines Tages mit der Gefallenenmeldung auf.

Fliegerbomben

Ende Juli fielen in der Nähe des Gutes Schönbrunn mehrere schwere Fliegerbomben auf die Felder. Außer den aufgeworfenen Bombentrichtern richteten sie keinen weiteren Schaden an.

Altbürgermeister Wiedemann

In einer der Zeit entsprechenden schlichten Feierstunde ehrte die Gemeinde im Mai Altbürgermeister Wiedemann zu seinem 80. Geburtstag. Josef Wiedemann, dem auch das Ehrenbürgerrecht des Marktes verliehen worden war, hatte mehr als drei Jahrzehnte das Steuer des Gemeindeschiffes sicher geführt.

Dunkles Mehl

Mit einem Aufruf wurden Mitte Mai die Hausfrauen angehalten, nun überwiegend dunkles Mehl in der Küche zu verwenden. Auch zu anderen Einschränkungen und Verzichten wurde aufgefordert.

Flachsernte

Die Flachsernte musste im Juli von den zum Anbau bestimmten Feldern nach einem befohlenen Erntebeginn von der Bevölkerung gemeinsam eingebracht und aufgearbeitet werden. Der Inhaber des jeweiligen Anbaugebietes hatte den überwiegenden Teil des Flachses abzuliefern.

Kriegsgefangene

Zum Erntebeginn wurden mehreren Bauern nun auch russische Kriegsgefangene zugewiesen. Schon im Frühsommer 1941 waren einige kriegsgefangene Franzosen an Türkheimer Bauern vermittelt worden. Die meisten der Kriegsgefangenen, die gemeinschaftlich untergebracht waren, wurden als gute Arbeiter gelobt und sehnten sich nur nach dem Ende des Krieges.

Sportpatz auf der Römerschanze

Nach dreijähriger Unterbrechung wurde im August erstmals wieder auf dem Sportplatz auf der Römerschanze ein Fußballspiel ausgetragen. Die Türkheimer Mannschaft war aus Alt-Aktiven, aus Junioren und ein paar Fronturlaubern gebildet worden.

Rationierung

Nach einer guten Ernte konnte im Oktober die Brotration wieder auf den Stand vom April gebracht werden. Auch die im Frühjahr gekürzte Fleischration wurde wieder erhöht.

Bucheckernsammlung

In den Herbstmonaten brachte die Lokalzeitung eine Aufforderung an die Einwohnerschaft und besonders an die Schuljugend, Bucheckern zu sammeln. Mit dem daraus gewonnenen Öl sollte dem Mangel an tierischen Fetten begegnet werden. Schon im Frühjahr war aufgerufen worden, für den gleichen Zweck Sonnenblumen anzubauen.

Schuhtausch

Anfangs November berichtete das Lokalblatt von der Neueinrichtung einer Schuhaustauschstelle in Mindelheim. Gegen geringe Gebühr konnte man dort besonders Kinderschuhe umtauschen.

Wehrmachtskonzerte

Öfters fanden nun auf dem Kronenhof Wehrmachtskonzerte statt. Sie verfehlten die beabsichtigte propagandistische Wirkung nicht. Die Zuhörer spendeten den Musiklern reichen Beifall.

Herbstmarkt

Der Herbstmarkt wurde, trotz Bedenkens von mehreren Seiten, doch abgehalten. Mit der Ankündigung im Lokalteil der Heimatzeitung appellierte man an die Bevölkerung „die Kleider- und Lebensmittelkarten nicht zu vergessen". Der Jahrmarkt konnte mit einem Markt in der Friedenszeit nicht verglichen werden.

Verdunklung

Immer wieder klagte das Lokalblatt über die Nachlässigkeit bei der Verdunklung. Es wurden nunmehr harte Strafen und der Entzug des elektrischen Stromes angedroht.

Luftkrieg

Der Wehrmachtsbericht brachte täglich Meldungen über versenkte feindliche Schiffstonnage und über starke deutsche Luftangriffe auf englische Städte, Häfen und Industrieanlagen. Dabei wurde von schweren Zerstörungen gesprochen. Die Berichte über die nun fast täglichen Bombenangriffe anglo-amerikanischer Fliegerverbände auf nord- und westdeutsche Städte bestanden gewöhnlich nur aus dem Satz: „Bei feindlichen Luftangriffen wurden keine militärischen Ziele getroffen". In Türkheim ankommende Evakuierte und Kinder aus den luftgefährdeten Gebieten berichteten schon deutlicher über die Zerstörungen in ihren Heimatorten und den Opfern der Fliegerangriffe.

Textilkarten

Die im Dezember neu ausgegebenen Jahreskleiderkarte hatte jetzt nur noch 100 Punkte. Gleichzeitig wurde auch die Punktzahl für viele Spinnstoffwaren erhöht. Wintermäntel gab es jedoch nur auf Bezugsscheine. Der alte Mantel musste abgegeben oder eine Erklärung, dass man keinen Mantel besitzt, erbracht werden.

Weihnachtszuteilungen

Vor Weihnachten gab es eine Sonderzuteilung an Bohnenkaffee, Trinkbranntwein und Zuckerwaren. Weihnachtskerzen durften in Geschäften nicht zum Verkauf gelangen.

Aufruf des Führers

Die alljährlichen Aufrufe Hitlers und anderer führender Nationalsozialisten und die Tagesbefehle der Wehrmachtsführung an die Soldaten enthielten auch zu diesem Jahreswechsel nur die nun schon gewohnten Phrasen vom nahen totalen Endsieg. Zu dieser Zeit standen sich hunderttausende von jungen Menschen in einer mörderischen Schlacht um Stalingrad gegenüber. Bei der unsinnigen Verteidigung dieser Stadt an der fernen Wolga, die ungeheure Opfer forderte, fanden, wie später bekannt wurde, auch mehrere junge Türkheimer den Kriegstod. Unter ihnen war der beliebte Türkheimer Arzt Dr. Hegler.

1943

Ziegeleibrand

Am 6. Januar wurde bei einem Brand die Ziegelei Ludwigsberg vollkommen eingeäschert. Die Brandursache konnte nicht aufgeklärt werden. Der Betrieb war aus kriegsbedingten Gründen schon mehr als ein Jahr zuvor stillgelegt worden.

Frauenfeuerwehr

Da der überwiegende Teil der ausgebildeten Feuerwehrleute zum Kriegsdienst eingezogen war, wurde zu Beginn des Jahres eine Frauenfeuerwehr gegründet. Die dazu verpflichteten Mädchen hatten Hilfsdienste, z.b. das Legen der Schlauchleitungen und die Absicherung des Brandplatzes zu übernehmen. Sie wurden dazu ausgebildet, erhielten jedoch keinerlei Ausrüstung. Bei einer Feuerwehrinspektion in Bad Wörishofen wurde ihnen für den vorgeführten raschen Einsatz höchstes Lob gezollt.

Niederlage in Stalingrad

Die Ende Januar bekanntgewordene Niederlage der 6. Deutschen Armee in Stalingrad bestätigte manchem Gegner des Nationalsozialismuses seine Einstellung zu der wahnwitzigen Eroberungspolitik und seine längst gefasste Prognose zum Kriegsausgang.

Keine Blumen in der Wurzgärten und Zahnputzpulver

Im April wurde die Bevölkerung aufgefordert, den Anbau von Blumen in den Wurzgärten einzuschränken und dafür mehr Gemüse anzubauen. Gleichzeitig wurde angeordnet, dass Zahnpasta nur nach Abgabe einer leeren Tube ausgegeben werden darf. Doch gab es bald darauf anstelle von Zahnpaste nur noch Zahnputzpulver.-

Lebensmittelrationierung

Einschneidende Kürzungen in der Lebensmittelzuteilung, mit Ausnahme der Brotration, erfolgten mit der 50. Zuteilungsperiode, also mit der Jubiläumszuteilung im Frühsommer. Die wöchentliche Fleischration wurde nun für Normalverbraucher auf 250 gr., also schon auf die Hälfte wie bei Kriegsbeginn, festgesetzt. Dafür kamen jetzt 2150 gr. Gerstengrütze oder Kartoffelstärkemehl zur Ausgabe. Hier muss, um einen Vergleich mit der Ernährungslage während des ersten Weltkrieges anzustellen, bestätigt werden, dass die Rationierung im zweiten Weltkrieg besser organisiert war, da die Erfassung, die Ablieferung vom Erzeuger und die Verteilung der Lebensmittel entschieden korrekter und strenger durchgeführt wurde.

Verschiebung kirchlicher Festtage

Anfangs Mai wurde bekanntgegeben, dass die herkömmlichen kirchlichen Feiern an Christi Himmelfahrt und Fronleichnam, die jeweils auf einen Donnerstag fallen, auf die darauffolgenden Sonntage zu verschieben und diese Tage als Arbeitstage zu betrachten sind. Diese Eingriffe in das althergebrachte kirchliche Leben lösten bei der bäuerlichen Bevölkerung, die sich mit Ausnahme eines geringen Prozentsatzes zur nationalsozialistischen Politik passiv verhalten hatte, Unwillen aus.

Hebamme Himer +

Ende Mai trug man die beliebte Hebamme Th. Himer zu Grabe. Sie hatte in ihrer 50-jährigen Hebammenpraxis nahezu 1.400 Türkheimern Geburtshilfe geleistet. Viele davon gaben ihr das letzte Geleit.

Luftangriffe

Die fast täglichen, unfassbaren, kulturelle Werte zerstörenden Bombenangriffe der westlichen Alliierten auf deutsche Städte waren nun in Presse und Rundfunk nicht mehr abzuleugnen. Doch beschränkte sich der Wehrmachtsbericht auf die wenig aussagende Formulierung: „Bei feindlichen Luftangriffen auf....wurden auch Wohnviertel getroffen. Sie forderten Opfer unter der Zivilbevölkerung."

Sparen

Immer wieder wurde zum „eisernen Sparen" aufgerufen. Die Einlösung nach dem Kriege und Siege wurde garantiert. Die Volkswagensparer vertröstete man auf die nach dem Siege sofort anlaufende Friedensproduktion

Gefallene

In den täglich in der Heimatzeitung erscheinenden Gefallenenanzeigen hieß es jetzt allgemein nur noch: „Gefallen für Gott und seine geliebte Heimat". Das sich nun schon klarer abzeichnende Kriegsgeschehen und der ständig steigende Unmut unter der Bevölkerung zwangen die braunen Machthaber von ihren größenwahnsinnigen Phrasen abzurücken.

Evakuierte

Aus Städten kamen nun immer mehr Evakuierte und Bombengeschädigte, für die Wohnraum beschafft werden musste. Ihre Unterbringung löste im Markte viele Spannungen unter der Einwohnerschaft aus.

trockener Sommer

Wie die ältesten Einwohner bestätigten, war es der heißeste Sommer seit Menschengedenken. Wochenlang wurden

Temperaturen um 30 Grad gemessen. Die Trockenperiode übertraf die des Jahres 1928 noch erheblich.

Jagdflieger

Am 1. September fand der Sohn einer Berger Bauernfamilie als Pilot eines Jagdflugzeuges bei einem nächtlichen Luftkampf mit feindlichen Bomberverbänden bei Goslar den Kriegstod.

Einberufung

Anfangs September wurden die männlichen Geburtsjahrgänge 1884 – 1893 zur Erfassung aufgerufen. Man griff also schon nach den Sechzigjährigen.

Büchersammlung

Ein Mitte September durchgeführte Büchersammlung erbrachte ein unerwartet hohes Ergebnis. Mehrere Kisten mit für Frontsoldaten bestimmten Büchern konnten der Sammelstelle zugeleitet werden.

Wehrmachtsbericht

Die Wehrmachtsberichte wurden jetzt wesentlich mäßiger. Den teilweise schon im Gang befindlichen Rückzug an der russischen Front bezeichnete man als Frontbegradigung oder Frontzurückverlegung. Das gleiche wurde von Süditalien berichtet.

Postbote Ludwig Roch +

An einem Septembertag nahm ein großer Teil der Einwohnerschaft Abschied von einem allseits beliebten Bürger, dem Postboten Ludwig Roch, der 80-jährig verstarben war. Jahrzehntelang hatte Roch zu Fuß den Postzustelldienst vom oberen Bahnhof aus in den Dörfern Irsingen, Kirchdorf und beiden Rammingen versehen und war bald 50-jährig "für seine treuen Verdienste" zum Postboten im Markte Türkheim bestellt worden.

Löschgruppenfahrzeug

Auf eine staatliche Anordnung musste die Gemeinde im Oktober ein schweres Löschgruppenfahrzeug beschaffen. Damit sollte ein rascher Einsatz der Feuerwehr im Katastrophenfalle gewährleistet werden. Die Bedienungsmannschaft erhielt eine gesonderte Ausbildung. Das Fahrzeug kam später nach Luftangriffen auf mehrere Städte zum Einsatz.

Propagandamarsch

Berechtigte Missstimmung erregte bei einem großen Teil der Einwohnerschaft ein von der Partei und ihren Gliederungen Ende Oktober durchgeführter Propagandamarsch durch den Markt. In einer Zeit, in der eine Anzahl von Familien schon die Nachricht vom Kriegstod des zweiten Sohnes schon in Händen hatte, wurde dieser Umzug von Kampflieder singenden Braunhemden als Provokation empfunden. Viele Türkheimer sprachen das deutlich aus.

Distanz zu Polen

Anfangs November forderte das Lokalblatt die Bevölkerung auf, gegenüber Ostarbeitern, besonders Polen, entsprechenden Abstand zu halten. Dabei wurde betont, dass jede Tischgemeinschaft strikt zu vermeiden ist. Zur Bedienung der Fremdarbeiter bei den Friseuren wurde der Donnerstag-Vormittag festgesetzt. In dieser Zeit durften Deutsche nicht bedient werden. Polen und andere Ostarbeiter, die landwirtschaftlichen und gewerblichen Betrieben zur Arbeit zugeteilt waren, mussten augenfällig ein Erkennungszeichen „P" oder „Ost" tragen. Jeder Umgang mit diesen Menschen war strengstens untersagt.

1944

Zum Jahresbeginn schrieb die Heimatzeitung u.a.: 1943 war ein hartes, aber ein stolzes Jahr" und an anderer Stelle: „Wir haben uns nun an die Schrecken des modernen Krieges gewohnt".

Gasmaskenverteilung

Im Januar kamen im Rathaus die für jeden Haushalt vorgeschriebenen Gasmasken zur Verteilung. Für das Stück war ein Preis von 5 Mark festgesetzt. Die Abnahme wurde zur Pflicht gemacht.

Feind hört mit

Mit dem Schlagwort „Feind hört mit!" das im Nachrichtendienst häufig erwähnt wurde, warnte man vor Gesprächen mit Fremden über den Krieg, über die Rüstung und die Ernährungslage. Bei der Ankündigung einer Schweine- und Geflügelzählung im Februar wurden für falsche Angaben empfindliche Strafen angedroht. Auch ergingen wesentlich strengere Anordnungen über die Eier- und Milchablieferung und über Mahlkarten und Hausschlachtungen. Gleichzeitig brachte das Lokalblatt eine Bekanntmachung mit den „Luftschutzsündern" in der nun härteste Bestrafung angekündigt wurde.

Flugzeuge über Türkheim und Bombardierung Augsburgs

Immer häufiger ertönte jetzt die Luftschutzsirene über dem Markt. Mehrmals zogen die Flugzeuge in geschlossenen Formationen in großer Höhe über unser Gebiet. An sonnenhellen Tagen wirkten die Bomberverbände wie eine Schar von nordwärts ziehenden Silbervögeln. Man zitterte bei dem Gedanken, wo die anglo-amerikanischen Superbomber wohl wieder ihre Bombenlast abwerfen werden. Die nun oft hörbaren Flugzeugabwehrgeschütze (Flak) – einige standen auch im nahen Bad Wörishofen – verloren immer mehr an Wirksamkeit.

Nach dem schweren Luftangriff auf Augsburg am 25. Februar, der einem großen Teil der alten schwäbischen Haupt- und Bischofsstadt in Schutt und Asche legte, stürzte nordwestlich der Einöde Wilhelmshöhe am nordöstlichen Türkheimer Flureck ein englischer Bomber brennend ab. Die Besatzung, sechs Engländer, fanden den Tod. Einige Tage später wurden sie auf dem Türkheimer Friedhof bestattet. (Schon bald nach Kriegsende musste die exhumierten Tommys nach England überführt werden.)

Die Augsburger Bombennacht, wahrlich keine Ruhmestat der westlichen Alliierten, war auch in Türkheim gut wahrnehmbar. Noch bis am Morgen war der nördliche Himmel von der brennenden Stadt blutrot gefärbt. Schon in den nächsten Tagen kam eine große Anzahl Augsburger Bombengeschädigter nach Türkheim, um bei Verwandten oder Bekannten wenigstens ein vorläufiges Dach über dem Kopf zu finden. Alle waren von dieser Schreckensnacht noch tief erschüttert.

In dem Bericht über die schweren Bombenangriffe auf Augsburg schrieb das Lokalblatt u.a.: „Der von unseren Feinden so unmenschlich grausam geführte Kampf missachtet die letzten Grenzen menschlicher Ehrfurcht". In der gleichen Nummer der Zeitung hieß es im Wehrmachtsbericht u.a.: „Starke Verbände der Luftwaffe griffen am gestrigen Tage London an. Der Massenabwurf von Spreng- und Brandbomben rief umfangreiche Zerstörungen und zahlreiche Großbrände hervor".

Totaler Arbeitseinsatz

Im August wurde der totale Arbeitseinsatz befohlen. Zur Erfassung hatten sich in Türkheim alle noch nicht in einem kriegswichtigen Arbeitsverhältnis stehenden Einwohner der Geburtsjahrgänge 1878 – 1928, also die 16 bis 65jährigen zu melden. Gleichzeitig wurde auch für sämtliche Beschäftigten die 60-Stunden-Woche angeordnet.

OT und KZ

Es kam eine Abteilung der Organisation Todt (OT), eine halbmilitärische Arbeitsabteilung, am Türkheimer Bahnhof an und begann nordwestlich davon mit der Errichtung eines Lagers. Die Bauarbeiten wurden von bald danach ankommenden holländischen Zwangsarbeitern ausgeführt. Die Grundbesitzer wurden weder verständigt noch gefragt. In wenigen Wochen entstanden nun nördlich des oberen Bahnhofes ein Dutzend Erdunterkünfte. Man wusste lange nicht zu welchem Zweck das Lager angelegt wird. Es wurde in Türkheim alles Mögliche darüber erzählt, doch Klarheit erfuhr man erst, als die Anlage mit einem 3,5 m hohen Stacheldrahtzaun umgeben und an den vier Ecken Wachtürme errichtet wurde. Jetzt wusste man, dass es sich um ein Straf- oder Gefangenenlager handeln muss. Die Vermutung wurde schon bald bestätigt. Eines Nachts kamen am nahen Bahnhof einige Hundert von der SS bewachte Häftlinge an, die man von der Bevölkerung unbemerkt in das Lager verbrachte. Wenige Tage später wusste der größte Teil der Türkheimer Einwohnerschaft, dass beim oberen Bahnhof ein KZ-Außenposten des berüchtigten Lagers von Dachau angelegt worden war. Den Zweck einer solchen Einrichtung kannten schon die meisten, doch hütete sich jeder darüber zu sprechen. Kaum einer wagte sich in die Nähe des Lagers.

Gegen Jahresende war die Zahl der Häftlinge auf etwa 1500 angestiegen. Es waren überwiegend ungarische Juden, die 1942/43 bei Woronesch in Russland zum Arbeitsdienst herangezogen und so den Gaskammern entgangen waren. Ihre Unterkunft mussten sie sich in etwa 70 ausgedehnten

Erdlöchern selbst schaffen. Die Verpflegung, die schon anfänglich aus Hungerrationen bestand, wurde mit jedem ankommenden Transport weniger und schlechter. Dadurch wurde auch die Sterblichkeit im Lager immer höher. Die Toten wurden in einer nahen Waldlichtung nur oberflächlich verscharrt.

Textilsammlung

Im April musste erneut eine Spinnstoff-, Wäsche- und Kleidersammlung durchgeführt werden. Das Lokalblatt schrieb, dass „für die lumpigsten Lumpen, für Säcke, alte Hüte und zerschlissene Gardinen Verwendung besteht". (Kurze Zeit vorher war die Bevölkerung aufgefordert worden, Vorhänge und Gardinen wegen erhöhter Brandgefahr von den Fenstern zu entfernen.)

Sträucherzählung

Nach einer staatlichen Verordnung musste im April auch in Türkheim eine Obstbaum- und Beerensträucherzählung vorgenommen werden. Die beabsichtigte Ablieferungspflicht konnte man jedoch wegen der unterschiedlichen Erträge der Bäume und Sträucher nicht durchführen.

Luftkrieg

Wiederholt überflogen nun auch Aufklärungsflugzeuge der Feindmächte unser Gebiet. Die auf den Feldern Arbeitenden verbargen sich unter Bäumen und Büschen. Wenn man die Luftschutzsirenen hörte, fuhr man mit den Gespannen- wenn man nicht allzu weit entfernt war – in die Wälder. Doch gab es auch noch Leute, die sich weder um die Flieger, noch um den Fliegeralarm kümmerten.

Nach schweren Fliegerangriffen auf Ulm wurde die Türkheimer Feuerwehr alarmiert und dort eingesetzt. Die zerstörte und brennende Donaustadt hinterließ bei den

Feuerwehrleuten einen erschreckenden und unauslöschlichen Eindruck.

Wohnraumerfassung

Im Laufe des Monats Juni wurde in Türkheim eine Wohnungskontrolle durchgeführt. Nach der Erfassung der als überzählig befundenen Wohnräume wurden Evakuierte und Fliegergeschädigte eingewiesen. Das Zusammenleben erforderte weitgehende Toleranz. Sie war nicht überall gegeben.

In der Wertach ertrunken

Am 11. Juli ertranken an der Wertachbrücke zwei drei- und fünfjährige Geschwister der Arbeitereheleute Meichelböck. Den Eltern wandte man allgemeine Teilnahme zu.

Luftangriffe auf München

Um die Mitte des Monates Juli wurde nach schwersten Luftangriffen auf München die Türkheimer Feuerwehr zum Einsatz in die bayerische Landeshauptstadt beordert. Die Feuerwehrleute sahen die verheerenden Folgen eines Luftangriffes auf eine deutsche Stadt.

Kartoffelkäfer

Im August wurde die Bevölkerung nach einem starken Befall der Felder durch den Kartoffelkäfer zur Bekämpfung des Schädlings aufgerufen. Zu der Suchaktion musste auch die Schuljugend herangezogen werden.

V-Waffen

Aus dem Wehrmachtsbericht erfuhr man um diese Zeit vom Einsatz der sog. V-Waffen, fliegender Bomben, die besonders auf englische Städte gelenkt wurden und dort umfangreiche Zerstörung verursacht haben sollen. Mit dieser neuartigen

Waffe sollte eine Wende des Krieges herbeigeführt werden. Die gezielte psychologische Wirkung erfasste nur „die Siegesbewussten".

Attentat auf Hitler

Nach dem fragwürdigen Attentat auf Hitler am 9. November schrieb die Heimatzeitung „von der Vorsehung Gottes und einem Wunder des Allmächtigen". Der Text war natürlich von der NS-Presseagentur vorgeschrieben. Ortsgruppenleiter Wiedemann sprach auf einer großangelegten Treuekundgebung der NSDAP „vom Glück, das dem deutschen Volk durch die wunderbare Errettung des Führers zuteil geworden ist.

Lebensmittelrationierung

Weitere Kürzungen der Lebensmittelrationen erfolgten noch im August. U.a. wurde die wöchentliche Brotration um 200 gr. herabgesetzt. Gleichzeitig gab man jedoch eine Sonderzuteilung von einem Salzhering pro Versorgungsberechtigten bekannt.

Flugblätterabwurf

Um diese Zeit wurden über dem Türkheimer Flurbereich mehrmals Flugblätter von alliierten Flugzeugen abgeworfen. Sie Enthielten eine Aufforderung an die Bevölkerung zur Beendigung des sinnlosen Krieges und zur Beseitigung der Nazi-Herrschaft. Bei Nichtablieferung der aufgefundenen Flugschriften wurde härteste Bestrafung angekündigt. Auf den Feldern fand man jetzt auch öfter massenweise Staniolstreifen, die der Orientierung der einfliegenden Bomberverbände dienten.

Bettfedersammlung

Zu einer erneuten Bettfedernsammlung erging an die Bevölkerung des Marktes die Bitte, "dazu die Federbetten teilweise zu entleeren". Dieser Aufforderung werden wohl nur Wenige Folge geleistet haben.

Volkssturm

Im Spätherbst wurde in Türkheim ein Erfassungsappell zum sog. Volkssturm durchgeführt und eine Kompagnie Türkheimer-Ettringen gebildet. Diesem letzten Aufgebot sollte die Verteidigung der Heimat übertagen werden.

Kämpfe an allen Fronten

Nun kamen auch wieder von der Westfront, wo schwere Kämpfe gegen die Invasionsarmeen im Gange waren, viele Gefallenenmeldungen. Im Wehrmachtsbericht konnte nun der Rückzug an allen Fronten nicht mehr verschwiegen werden.

Mangelwirtschaft

Mit dem Einbruch der kalten Jahreszeit traten, besonders wegen Transportschwierigkeiten durch Zerstörung der Verkehrswege, in der Brennmaterialversorgung der Bevölkerung wieder erhebliche Stockungen auf. Die Kohlenaufrufe konnten nur mit geringen Mengen beliefert werden. Auch die Versorgung mit Brennholz wurde immer schwieriger. Durch gemeindliche Einschläge konnte der Bedarf nur zum Teil gedeckt werden. Für jeden privaten Holzeinschlag bestand strengste Meldepflicht. Zum Sammeln von Tannenzapfen war eine Bescheinigung des Forstamtes notwendig. Die für den Winter festgesetzte Kohlenration durfte nach einer Bekanntmachung im November nur zu 11 % und im Dezember zu 15 % beliefert werden.

Erfassung von Jugendlichen

Noch im November wurde die Erfassung des Geburtsjahrganges 1927 durchgeführt. Damit wurde die Einberufung der Sechzehnjährigen vorbereitet.

Textilknappheit

Erhebliche Einschränkungen in der Spinnstoffwarenerzeugung führten gegen das Jahresende zu einer Knappheit in der Zuteilung, die gerade vor Weihnachten am stärksten fühlbar war. Auf die freigegebenen Punkte der Kleiderkarte war oft keine Ware zu erhalten.

Federsammlung

Im Dezember wurde in Türkheim zu einer Geflügelfedersammlung aufgerufen. Das Ergebnis war nicht sehr hoch.

Winter

Der fortschreitende strenge Winter brachte wieder erhebliche Mängel in der Hausbrandversorgung. Doch konnte man sich im Verhältnis zu den Städten auf dem Lande mit manchem Erlaubten und Verbotenen helfen. Das gleiche galt auch für die Lebensmittelversorgung.

Weihnachtpakete an die Front

Wie in den vergangenen Jahren wurde einige Wochen vor Weihnachten an alle Frontsoldaten ein Päckchen abgeschickt. Mehrere hundert Türkheimer verbrachten dieses fünfte Kriegsweihnachten noch an den fast zahllosen Fronten, schon in Kriegsgefangenschaft oder Lazaretten. Von 70 wusste man bereits, dass es für sie keine Rückkehr in die Heimat mehr gibt.

Rationierungen auf Weihnachten

Die Zivilbevölkerung erhielt vor Weihnachten noch einige Sonderzuteilungen an Lebensmitteln: Bohnenkaffe (50 gr pro Person), Spirituosen (1/2 Liter pro Person) und Rauchwaren (30 Zigaretten oder 12 Zigarren oder 50 gr. Tabak pro Person). Um die Weihnachtszeit ankommende Urlauber erhielten erhöhte Rationen und verschiedene Sonderzuteilungen. Weiter wurden sie zu einer Weihnachtsfeier der Partei eingeladen. Der dort zum Ausdruck gebrachte „Dank des Führers" und die längst abgedroschenen Durchhalteparolen verfehlten bei diesen jungen Menschen, die den Krieg schon in seinen härtesten Phasen erlebt hatten, ihren Zweck gänzlich.

Kriegsweihnacht

Auch vor dem sechsten Kriegsweihnachten ging wieder an jeden Türkheimer draußen an den Fronten ein Feldpostpäckchen ab. Eine Anzahl davon erreichte den Adressaten nicht mehr. Sie deckte die Erde oder waren längst in einem Gefangenenlager. Zu einem kurzen Heimaturlaub trafen nur noch Wenige ein.

Aufrufe

Die gewohnten Aufrufe und Tagesbefehle zum Jahreswechsel enthielten die längst abgeleierten Siegesprognosen. Sie wurden nur noch von einzelnen Fanatikern geglaubt.

schuldenfreie Gemeinde

An der Jahreswende hatte die Gemeinde Türkheim keinerlei Schuldenlast oder finanzielle Verpflichtungen. Das wurde nicht zuletzt durch eine korrekte Verwaltung des Gemeindevermögens und der Gemeindefinanzen erreicht, aber auch durch den nun mühelosen Einzug der gemeindlichen Steuern und Abgaben erleichtert. Der Geldüberhang trat auch hier deutlich in Erscheinung. Auch darf nicht unerwähnt bleiben, dass in diesen Jahren keinerlei gemeindliche Projekte, keine Neu- oder Umbauten und nur die dringendsten Reparaturen durchgeführt werden durften. Material gab es ja nur für kriegswichtige Unternehmen.

1945

Gefallen

In den ersten Januartagen erhielt die Bauersfamilie Senner von Berg die Nachricht vom Kriegstod des dritten Sohnes. Es war noch nicht das letzte Mal, dass dieser grausame Krieg, dessen Fortsetzung längst von jedem vernünftigen als Verbrechen bezeichnet wurde, aus einer Familie das dritte junge Menschenleben forderte.

Mit schweigender Verbitterung trugen die Menschen den Verlust ihrer Kinder, ihrer Erben. Das Ende dieses unsinnigen Völkermordens herbeisehnend, waagte sich nun immer mehr die Feindsender abzuhören, von denen man wenigstens klarer den Verlauf der Endphase des Krieges erfuhr.

Transport aus Dresden

Das bitterste Leid dieses wahnwitzigen Krieges, das Türkheim zu sehen bekam, war der einige Tage nach dem schweren Luftangriff auf Dresden angekommene Transport von Menschen, die bei diesem irrsinnigen Bombenterror schwere körperliche Schäden, besonders Verbrennungen, erlitten hatten. Sie wurden in der als Hilfskrankenhaus notdürftig eingerichteten Schule an der Bahnhofstraße untergebracht. Schon in den ersten Wochen starben 26 von ihnen. Sie wurden auf dem Türkheimer Friedhof in einem gemeinsamen Grab bestattet. Den wenigen Überlebenden stand noch nach Wochen das Inferno dieser furchtbaren Angriffe anglo-amerikanischer Bombenverbände auf die von Flüchtlingen aus den Ostprovinzen überfüllten sächsische Hauptstadt vor Augen.

KZ

Die Lebensbedingungen im KZ-Außenposten beim Türkheimer Bahnhof verschlechterten sich im Laufe des

Winters erheblich. Bis zum Februar waren schon 60 Häftlinge verstorben. Eine Erleichterung trat für die Lagerinsassen mit dem Baubeginn der sog. OT-Häuser, - Wohn- und Verwaltungsbauten der Organisation Todt – ein. Soweit sie noch arbeitsfähig waren, zog man sie zu den Bauarbeiten heran. Dadurch wurde auch die Bewachung gelockert. Die Häftlinge konnten sich nun zum Teil schon frei bewegen. Da die meisten entkräftet waren und nur die gestreifte Sträflingskleidung besaßen, hielt man eine Flucht für aussichtslos. So konnte von der Bevölkerung den Lagerinsassen Brot und andere Lebensmittel und auch Wäsche zugeschoben werden. Es waren jedoch nur herzlich wenige aus der Türkheimer Einwohnerschaft, in denen sich für diese Menschen ein Gefühl regte. Der überwiegende Teil der Bevölkerung nahm von dem Lager und den Häftlingen keinerlei Notiz. Man hütete sich sogar darüber zu sprechen. Die Angst vor den Braunen Machthabern leistete der Feigheit Vorschub.

Verkehr

In den beiden Monaten bis zum Kriegsende musste der schon dürftige Verkehr auf den Straßen meist auf die Nachtstunden verschoben werden, da ständig, kaum noch behindert, amerikanische Tiefflieger Fahrzeuge auf den Straßen beschossen. Die Bauern wagten sich kaum noch auf die Felder. Die längst fällige Frühjahrsbestellung wurde immer weiter hinausgeschoben.

Heimatzeitung

Im März bestand die Heimatzeitung nur noch aus einem Blatt. Außer dem Lokalteil interessierte der Inhalt nur Wenige.

Mangelwirtschaft

Der Mangel an Bedarfsgütern trat immer stärker in Erscheinung. So musste z.b. beim Bezug von Fahrradschläuchen ein altes Ventil abgegeben werden. Fahrraddecken, sog. Mäntel, waren nur selten zu erhalten. Man überklebte und unterlegte die Reifen wo es ging.

Lazarettzüge

Am oberen Bahnhof ankommende, für Bad Wörishofen bestimmte Lazarettzüge oder Zugteile, blieben oft längere Zeit im Bahnhofsbereich stehen. Sie wurden wegen den nun häufigen Fliegerangriffen auf waldnahe Geleise abgestellt. Noch kurz vor Kriegsende beschossen Tiefflieger drei am östlichen Waldrand abgestellt Dampfloks und beschädigten sie schwer. Ein Lokführer starb nach dem Beschuss an den erlittenen Verletzungen.

Dem Ende entgegen

Als das Ende des Krieges schon greifbar war, ging man endlich dazu über, große Mengen eingelagerter Lebensmittel zu verteilen. So kamen am 23. April pro Haushalt 3 kg Butterschmalz zur Ausgabe. Hier war erstmals die Vernunft einiger unterrichteter Bürger zu erkennen. Menschen, die sich bis dahin nur von den ihnen zugeteilten Rationen ernährt hatten, konnte mit diesem plötzlichen Fettsegen gar nicht mehr umgehen

Vorrücken der Amerikaner

Aus nun schon von Vielen abgehörten Fremdsendern erfuhr man vom schnellen Vorrücken der Amerikaner gegen unser Gebiet. Mancher rechnete schon den Tag aus, der für Türkheim das Ende des Krieges bringen wird. Die Nachricht, dass die US-Armee die Donau in Richtung Süden überschritten habe, verbreitete sich rasch und wurde allgemein begrüßt. Niemand aber wusste wie das Leben nach dem Ende des Krieges weitergehen soll. Den Ort zu verlassen getraute sich niemand mehr.

Fast unausgesetzt fuhren in diesen Tagen durch Türkheim endlose Wagenkolonnen, Waren-, Material und Lebensmitteltransporte, Wehrmachts- und SS-Fahrzeuge, die vor den nachrückenden Amerikanern flüchteten. Eine große Anzahl von Fahrzeugen blieben wegen Betriebsstoffmangel an den Landstraßen und auch auf Feldwegen stehen. Die Mannschaften setzten sich meist im Schutze der Dunkelheit nach Süden ab oder flüchteten in die Wälder. Innerhalb des Marktes blieben mehrere bespannte Fahrzeuge stehen, von denen die Pferde und Maultiere in die Ställe der Kleinbauern geholt wurden. Bei manchem Söldner stand erstmals ein Ross im Stall. (Die Pferde und Maultiere wurden erst nach einigen Monaten von einer Kommission geschätzt und konnten günstig erworben werden.)

Die Bevölkerung war in diesen Tagen von einer hektischen Nervosität erfüllt. Sie steigerte sich noch erheblich als man erfuhr, dass Türkheim von der SS verteidigt werden soll. Tatsächlich war auch eine SS-Einheit von mehreren Hundert Mann im Markte eingerückt. Der Führungsstab war im Mozethof untergebracht. Am Abend des 26. April verbreitete sich unter der Einwohnerschaft die Nachricht, dass amerikanische Truppen noch kaum 20 km von Türkheim entfernt sind und dass mit der Einnahme des Ortes bereits am Morgen des nächsten Tages zu rechnen sei. Als Zeitpunkt nannte man 5 Uhr morgens. Wo diese Nachricht herkam, wusste niemand. Als noch bekannt wurde, dass die SS für den nächsten Tag die Verteidigung des Ortes vorbereite, beschlossen einige Bürger auf irgendeine Weise die Amerikaner zu einer schnelleren Besetzung des Marktes zu bewegen. Wie das nun geschah, kann heute nicht mehr einwandfrei aufgeklärt werden. Man erzählte, dass ein in

Türkheim sein Kriegsbeginn lebender Deutschamerikaner , der sich später auch zu Dolmetscherdiensten zur Verfügung stellte, Verbindung mit den amerikanischen Truppen aufgenommen habe. Doch berichteten andere Einwohner, dass ein französischer Kriegsgefangener auf Ansuchen einiger Bürger, die am Abend des 26. April im nahen Tussenhausen eingerückten Amerikaner von der Anwesenheit eines starken SS-Verbandes in Türkheim unterrichtet und zu einer schnellstmöglichen Besetzung aufgefordert habe. Konnte also nicht mehr mit Sicherheit ermittelt werden, auch welchem Wege die Warnung und Aufforderung den Amerikanern zugeleitet worden war, so steht doch fest, dass die einer Texas-Formation angehörenden Truppen Türkheim zu einer außergewöhnlichen Zeit erreichten und besetzten. Denn schon am nächsten Tage gegen 4 Uhr früh, noch in stockdunkler Nacht, rückten die ersten amerikanischen Panzer von Tussenhausen kommen, im Markte ein. Die Angehörigen der SS-Einheit, durch die Überraschung kopflos geworden, flohen noch im Schutze der Dunkelheit über den Haldenberg in die Wälder. Durch ihre Feigheit wurde sicher manches Unheil vom Orte abgewendet.

Türkheim wird besetzt
So kam für Türkheim nach Tagen der Ungewissheit, für nicht Wenige auch der Angst, das Ende des Krieges. Als schon am frühen Morgen die Luftschutzsirene ertönte, glaubten noch manche an einen der nun fast unausgesetzten Aufklärungsflüge der Amerikaner. Die meisten wussten jedoch, dass die US-Armee zwei Tage zuvor die Donau überquert hatte und nun fast ungehindert gegen Süden rollte. Die ersten schweren Panzer, die über die Ortsstraße donnerten, öffneten auch dem Letzten die Augen und zwangen den Mutigsten in den Keller. Als man noch über längere Zeit Maschinengewehrsalven und dumpfen

Geschützdonner hörte, glaubte man tatsächlich an die Verteidigung des Ortes durch die SS. Doch bald stellte sich heraus, dass die Amerikaner von der Tussenhauser-Straße aus, den im Morgengrauen in die nordwestlichen Wälder fliehenden SS-Angehörigen nachgeschossen und sogar schweres Geschützfeuer gegen die Bernau gerichtet hatte.

Über mehrere Stunden rollten nun Panzer und schwere Fahrzeuge durch den Markt. Pausenlos kreisten Hubschrauber über den Ort. An der Hauptstraße, auf dem Viehmarktplatz, auf dem Kronenhof und besonders im Schlosshof blieben zahlreiche Panzer stehen. Die turmhohe materielle Überlegenheit der einrückenden Amerikaner ließ erst die Sinnlosigkeit des deutschen Widerstandes in den letzten Monaten deutlich erkennen.

Niemand wagte sich die ersten Stunden aus den Häusern. Die Bauern nahmen erst in den frühen Vormittagsstunden die erforderliche Stallarbeit auf. Nur zaghaft suchte man Verbindung mit dem Nachbarn.

Noch in den Morgenstunden wurden in den Straßen des Marktes mehrere erschossene SS- und Wehrmachtsangehörige aufgefunden. Auch an der Staatsstraße zum oberen Bahnhof fand man im Laufe des Tages einige tote Soldaten. Warum und wie sie erschossen wurden, konnte nicht völlig geklärt werden.

Ein SS-Mann flüchtete, von einem Panzer verfolgt, in der Oberjägerstraße in ein Bauernhaus. Als er sich auf wiederholte Aufforderung nicht ergab, wurde das Haus in Brand geschossen. Dem Hofbesitzer wurde lediglich gestattet, Dokumente, Kleidungsstücke und das Vieh in Sicherheit zu bringen. Ein Entweichen wäre dem SS-Angehörigen – es soll sich um einen Offizier gehandelt haben – nicht mehr möglich gewesen, da ein dichter Kordon amerikanischer Truppen das Haus umzingelt hatte. Der SS-Mann kam in den Flammen um. Er wurde verkohlt aufgefunden. Auf Anordnung des eingesetzten US-Ortkommandanten musste der SS-Mann und die übrigen aufgefundenen deutschen Soldaten sofort im Türkheimer Friedhof begraben werden.

Auf eigenartige Weise fand ein Zivilist den Tod. Er stand am geöffneten Fenster seines Hauses an der Staatsstraße 2 km südlich von Türkheim, als ihn ein Geschoss traf. Man erzählte später, dass es von einem amerikanischen Panzer stammte, der von der Zollhausstraße aus die Landstraße beschossen haben soll. Auch hier konnte der Hergang nicht einwandfrei aufgeklärt werden.

Schon wenige Stunden nach dem Einrücken der Amerikaner waren alle größeren Gebäude im Zentrum des Marktes an der Haupt- und Bahnhofstraße von der US-Armee beschlagnahmt. Die Bewohner wurden überwiegend in einen Raum eingewiesen oder in ein anderes Haus umquartiert. Nur das Dürftigste konnte mitgenommen werden. In den beiden Schlossbauten, die geräumt werden mussten, wurden farbige Truppen untergebracht. Ihnen wurde nur eine beschränkte Bewegungsfreiheit zugestanden.

Noch am frühen Vormittag ergingen an die Zivilbevölkerung eine Anzahl von Bekanntmachungen der nunmehrigen Militärregierung. Mit der ersten wurden ein Ausgehverbot bzw. Beschränkungen in der Bewegung für Zivilisten bekanntgegeben. In der Anordnung hieß es u.a.: „dass alle Zivilpersonen in ihrem Hause zu bleiben haben und nur vormittags zwischen 7 und 9 Uhr und nachmittags von 4 bis 6 Uhr zu Einkäufen das Haus verlassen dürfen".

Mit einer weiteren Verfügung wurde die Bevölkerung aufgefordert, unverzüglich alle Schusswaffen, Säbel, Seitengewehre und sämtliche Photoapparate und Feldstecher bei der Gendarmerie abzuliefern.

Noch im Laufe des Vormittags ging im Markt das Gerücht um, dass die SS für diesen Tag ein Standgericht vorbereitet habe, vor dem eine größere Anzahl von der Partei bestimmter

Bürger "wegen staatsgefährdenden Umtrieben" abgeurteilt worden wäre, wenn nicht die US-Armee schon am frühen Morgen Türkheim besetzt hätte. Man erzählte sogar, dass am Vorabend ein transportabler Galgen im Heglergarten angefahren worden sei. Bei Nachforschungen, die allerdings erst 25 Jahre später betrieben wurden, fand sich keinerlei Bestätigung dieser Gerüchte.

Befreiung des KZs

Schon in den Morgenstunden dieses, den Krieg für den Markt Türkheim beendenden Tages, öffneten die weiter nach Süden vorrückenden Amerikaner den KZ-Außenposten beim oberen Bahnhof. Noch während der Nacht hatte sich die polnische SS-Bewachung vom Lager abgesetzt. Die nun befreiten Häftlinge, zu denen kurze Zeit zuvor noch ein Transport von jüdischen Frauen gekommen war, wurden noch im Laufe des Vormittags mit amerikanischen Lebensmitteln versorgt. Von den in der Umgebung steckengebliebenen SS- und Wehrmachtsversorgungstransporten leiteten die Amerikaner mehrere an das Lager. Auf Anweisung des US-Ortskommandanten gab die Gemeinde, bzw. der die Amtsgeschäfte noch ausübende Bürgermeister Zwick, am Vormittag eine erste gemeindliche Bekanntmachung heraus. Sie handelte über die nun überwiegend in den Bereich des Marktes Türkheim einströmenden ehemaligen KZ-Lagerhäftlinge und besagte folgendes: „Im Judenlager ist ein Vertrauensmann von den eigenen Leuten aufzustellen. Die Juden sind gut zu verpflegen und zu kleiden. Bei den vom amerikanischen Ortskommandanten verordneten 12 Hilfspolitzisten sind neben einigen unbelasteten Deutschen und ehemaligen französischen Kriegsgefangenen auch Juden anzustellen. Letztere haben eine blauweiße Armbinde zu trage. Weiter müssen sich alle Hilfspolizisten durch das Zeichen „MG-Police" erkennbar zeigen.

Gleichfalls noch am Tage der Besetzung wurde in Türkheim bekanntgegeben, dass pro Haus, d.h. pro Familie, ein Herrenanzug und ein Frauenkleid abgeliefert werden müsse. Die Kleidungsstücke waren für eine erste Versorgung der befreiten KZ-Häftlinge bestimmt. Für die abgelieferten Stücke wurde eine Zuteilung von im Rathaus lagernden, von der Gemeinde noch in den letzten Tagen des Krieges günstig erworbenen Stoffen aus dem OT-Lager zugesichert. Auf den gemeindlichen Aufruf wurden genügend Anzüge, Kleider und Wäsche abgeliefert, so dass an alle ehemaligen Häftlinge eine menschwürdige Kleidung abgegeben werden konnte.

Das Salamanderwerk gab dazu noch pro Person zwei Paar Schuhe ab. Damit wurde bekannt, dass in dem Türkheimer Zweigwerk große Posten von Schuhen gelagert waren.

Erste Tage im besetzten Türkheim

Den ersten Kontakt mit den Amerikanern schlossen junge sog. Nachrichterinnen, uniformierte weibliche Hilfskräfte bei den Nachrichtenabteilungen des Heeres und der Luftwaffe, die einige Tage zuvor mit Wehrmachts- und SS-Einheiten nach Türkheim gelangt waren. Auch schlossen sich ihnen, besonders um der amerikanischen Zigaretten und Schokolade wegen, bald eine Anzahl Türkheimerinnen an. Obwohl den Truppen jeder Kontakt zur Zivilbevölkerung an den ersten Tagen untersagt war, sah man schon bald Angehörige der amerikanischen Armee, von denen einige deutschstämmig waren, in Türkheimer Häuser ein- und ausgehen.

Internierung

Noch während des ersten Tages erließ der amerikanische Ortskommandant eine Verfügung, nach der sich alle im Ort anwesenden ehemaligen deutschen Angehörigen der Wehrmacht oder anderer militärischer Institutionen in kürzester Frist im Schlosshof zu melden haben. Gleichzeitig wurde bekannt gemacht, dass die amerikanische Armee gewisse Lager eingerichtet haben, wo die nun überall notwendigen Entlassungspapiere nach einer kurzen Überprüfung zu Ausstellung gelangen.

Der ohne irgendwelche Strafandrohung erlassenen Aufforderung folgten gottlob nicht Viele. Sie hatten es bitter zu bereuen; denn sie wurden nun als Kriegsgefangene behandelt und der französischen Armee, die ganz Württemberg und den bayerischen Kreis Lindau besetzt hatte, übergeben. Einer von ihnen sah seine schwäbische Heimat nicht mehr. Er verhungerte, wie später bekannt wurde, in einem französischen Gefangenenlager. Eine bittere Tragik, denn der junge Türkheimer hatte den Krieg an mehreren Fronten und bei harten Einsätzen mitgemacht und unversehrt überlebt.

Unterbringung der DPs
Ein schwieriges Problem erwuchs der Marktgemeinde als nun der überwiegende Teil der befreiten Lagerinsassen in Türkheimer Privathäusern untergebracht werden musste. Dazu war eine große Anzahl von möbilierten Zimmern bereitzustellen. Die Vermietpreise wurden vom Landratsamt festgesetzt und durften nicht überschritten werden. Die Belegung der Räume führte anfänglich zu erheblichen Spannungen und Streitfällen, die erst im Laufe der Zeit beigelegt werden konnten. Dass diese Maßnahme, von der andere Orte nichts wussten, eine harte Belastung für die Einwohnerschaft des Marktes war, ist verständlich. Doch war es – das muss deutlich ausgedrückt werden – kein Vergleich zu dem, was Orte im Osten, im Norden und Westen des damaligen Reiches, über die der Krieg mit all seiner Grausamkeit hinweggezogen war, zu ertragen gehabt hatten.

Es waren mehrere Hundert ehemalige Häftlinge des KZ-Außenlagers, die nun im Markte wohnhaft wurden und die das Leben im Ort nicht unwesentlich beeinflussten. Der Gasthof Krone, aus dem der Besitzer, Bürgermeister und Ortsgruppenleiter der NSDAP Wiedemann ausquartiert worden war, wurde nun zum Mittelpunkt der befreiten jüdischen KZ-Lagerinsassen. Die Gemeinde und viele Bürger taten alles menschenmögliche, die Anweisungen der Militärregierung zu erfüllen und beizutragen, das unbeschreibbare Unrecht, das der nationalsozialistische Staat an vielen Völkern und Volksgruppen ausgeübt hatte, wieder gutzumachen.

Häuserdurchsuchung und Plünderung
Schon während des ersten und auch in den darauffolgenden Tagen durchsuchten Angehörige der US-Armee fast alle Häuser des Marktes nach versteckten Waffen. Sie machten besonders auch Jagd auf Photoapparate, Ferngläser und auch Uhren. Allzu viel wurde ihnen davon nicht übergeben. Mit wenigen Ausnahmen muss, die Zeit und Umstände berücksichtigend, das Verhalten der amerikanischen Soldaten als loyal und korrekt, zum Teil zurückhaltend und höflich bezeichnet werden.

Das Abstoßendste dieser Tage war, dass sich an den Plünderungen der Geschäfte auch eine große Anzahl von Einheimischen beteiligte. Bei den Plünderungen kamen viele Waren zutage, die seit Jahren auch mit einem Bezugschein nicht mehr zu erhalten waren. Dass die Ordnung einigermaßen gewahrt werden konnte, war besonders den ehemaligen französischen Kriegsgefangenen, die sich als Hilfspolizisten und Aufsichtsorgane zur Verfügung gestellt hatten, zu verdanken. So verhüteten z.B. die beiden, bis dahin der Waltermühle zugeteilten Franzosen, dort jede Plünderung. Geplündert wurden besonders verschiedene Warenlager, von deren Existenz bis zu dieser Zeit nur wenige Türkheimer gewusst hatten. So wurden aus der Turnhalle dort gelagerte

Maschinen und Werkzeuge eines Augsburger Rüstungsbetriebes entwendet. Aus einer mit Waren angefüllten Halle am oberen Bahnhof wurden gleichfalls Maschinen aller Art, Werkzeuge, Kraftfahrzeugzubehör und andere Materialien, darunter auch große Mengen Stoff gestohlen. Im Kronenkeller lagerten mehrere Waggon Moselweine, die zum größten Teil entwendet wurden. Das meiste davon wurde bei ausgiebigen Gelagen an Ort und Stelle getrunken. Das einzige fertiggestellt und bezogene Haus der OT am oberen Bahnhof wurde in wenigen Tagen nicht nur der Möbel, sondern auch der Fenster- und Türstöcke und sogar auch der Dachplatten beraubt. Ein Stofflager bei Hensler und ein weiteres bei Weber wurde gleichfalls geplündert.

Versprochene Textilien
Die der Türkheimer Einwohnerschaft für die abgelieferten Kleidungsstücke versprochenen Stoffe konnten von der Gemeinde nicht mehr abgegeben werden. Sie waren schon bald nach der Besetzung des Ortes von einem US-Offizier, der über die von der Marktverwaltung erworbenen Stoffe unterrichtet worden war, beschlagnahmt und mit einem Armee-Lastwagen vom Rathaus und Adlersaal abgeholt worden. Der Einspruch des noch amtierenden Bürgermeisters Zwick wurde schroff zurückgewiesen. Die Stoffe waren wenige Tage vor Kriegsende vom OT-Lager angekauft worden und damit rechtmäßig in den Besitz der Gemeinde gelang. Es handelte sich besonders um Uniformstoffe der OT: Den Kaufbetrag von 350.000 Mark hatte man auf ein Sperrkonto bei der Bezirkssparkasse einbezahlt. Ein amerikanischer Offizier, sicher derselbe, der auch die Stoffe beschlagnahm hatte, hob bei der Sparkasse den gesamten Betrag ab. Er muss über alles gut unterrichtet gewesen sein. Obwohl man seinen Namen und den Truppenteil konnte und

die Nachforschungen bis in das US-Hauptquartier ausdehnte, konnte der US-Offizier nicht mehr ermittelt werden. Die Gemeinde war nun gezwungen, andere Maßnahmen zu ergreifen. Weil man wusste, dass aus einem Lager beim oberen Bahnhof große Mengen von Stoffen aller Art von der Bevölkerung entwendet worden waren, ließ man nun in Türkheim und in den Dörfern der Umgebung u.a. bekannt machen: „da die meisten Namen der Plünderer bekannt sind, wird unverzüglich Strafanzeige erstattet, wenn zu einer versprochenen Verteilung von Stoffen für die großzügige Ablieferung von Kleidungsstücken der Türkheimer Bevölkerung für die ehemaligen KZ-Häftlinge nicht genügend Stoffe zurückgegeben werden. Darauf kamen in kurzer Zeit Tausende von Metern Stoffe zusammen, dass die versprochene Zuwendung doch noch vorgenommen werden konnte.

Provisorischer Gemeinderat
Die verworrenen Verhältnisse der ersten Nachkriegstage bewogen mehrere Türkheimer Bürger, die nun endlich erreichte demokratische Freiheit auf das gemeindliche Leben zu übertragen. Nach Absprachen mit verantwortungsbewussten Männern bildeten sie einen provisorischen Gemeinderat und bestimmten Stefan Singer, einen entschiedenen Gegner der NS-Gewaltherrschaft, zum vorläufigen Bürgermeister des Marktes. Damit wurde der bisherige 2. Bürgermeister Zwick, der sich der Zeit bewusst, noch über den Zusammenbruch hinaus als Ortsvorsteher zur Verfügung gestellt hatte, seines Dienstes entbunden. Stefan Singer wurde nach einer eingehenden politischen Überprüfung durch die Besatzungsmacht als Bürgermeister von Türkheim bestätigt. So konnten auch bald die ersten Beratungen über dringende gemeindliche Maßnahmen

aufgenommen werden. Doch war zu jedem Beschluss noch die Zustimmung des Vertreters der Militärregierung einzuholen.

Feldbestellung

Nach einer Eingabe von Vertretern der Bauernschaft durfte nun die Feldbestellung, die längst fällig war, von Sonnenaufgang bis Untergang durchgeführt werden. Das Salamander-Werk nahm, mit Zustimmung der Militärregierung, die Produktion in beschränktem Umfang auf.

Rückkehrende Soldaten

Kamen nach dem ersten Weltkrieg die meisten deutschen Truppen in geschlossenen Formationen von den Fronten zurück, so kamen nach diesem Kriege nur einzelne Wehrmachtsangehörige, denen es irgendwie gelungen war, aus Transporten, Lagern und aus Lazaretten zu entfliehen, in die Heimat. Verschüchtert wie gehetztes Wild und halbverhungert stahlen sich viele, bei Tag in den Wäldern verbergend, bei Nacht bis zur Heimat durch. Über Hunderte von Kilometern liefen sie sich die Füße wund, um die heimatliche Scholle zu erreichen. Von der Ungewissheit beflügelt, wie man sie wohl antreffen wird, legten manche krank und verwundet unglaubliche Wegstrecken zurück. Viele von ihnen hatten sich schon der Uniform entledigt und auf irgendeine Weise Zivilkleider beschafft. Dienstgradabzeichen und Auszeichnungen hatte man längst von den Uniformen beseitigt. (In den Wäldern der Umgebung fanden sich noch lange nach dem Kriegsende Uniformteile und Ausrüstungsgegenstände, besonders viele Gasmasken und Stahlhelme).

Auch einige Türkheimer erreichten in den ersten Tagen die Heimat. Doch viele waren noch in Gefangenenlagern und von einer großen Anzahl hatte man schon lange Zeit keine

Nachricht. Bei Kriegsende zählte Türkheim 131 Gefallene, eine erschreckende Zahl.

Ehem. Parteimitglieder kommen ins „Lager"

In einer von den Besatzungsmächten schon bald nach Kriegsende angeordneten Aktion wurden sämtliche führende Nationalsozialisten in das Rathaus vorgeladen und dann größtenteils in ein Arbeitslager überführt.

Abzug der farbigen Besatzung

Nach einigen Wochen wurden die farbigen Besatzungstruppen aus Türkheim abgezogen. Das wurde als erste Erleichterung empfunden. Es waren nun nur noch weiße US-Truppen im Ort. Auch wurden noch im Mai das Ausgehverbot und die nächtliche Sperrstunde für die Zivilbevölkerung wesentlich gelockert.

Beerdigung von KZ-Häftlingen

Auf einen Befehl der Militärregierung mussten während der Sommermonate durch Mitglieder der NSDAP und ihrer Gliederungen, besonders durch die Parteifunktionäre, die im Hardtwald, wenige hundert Schritte vom aufgelösten KZ-Lager, verscharrte verstorbene Lagerinsassen ausgegraben und in einer etwas weiter entfernten Waldlichtung bestatten werden.

Die Gemeinde erhielt die Anweisung, den Platz als Gedenkstätte anzulegen.

Rückkehr von Kriegsgefangenen.

Anfang Juli kamen mit der begonnenen Rückführung der deutschen Kriegsgefangenen aus USA auch einige Türkheimer in die Heimat zurück.

Ausgangssperre

Die Ausgangssperre für die Zivilbevölkerung wurde für den Monat Juli auf 22^{30} Uhr bis 5 Uhr festgesetzt. Die Militärpolizei führte hauptsächlich in den Gaststätten häufig Kontrollen durch.

Lebensmittelversorgung

In der nun schon 77. Zuteilungsperiode konnte ein Teil der aufgerufenen Lebensmittelmarken nicht beliefert werden. Auch die fortschreitende Verknappung der notwendigsten Gebrauchsgüter trat immer stärker in Erscheinung. Nach einer Bekanntmachung der Militärregierung durften keinerlei Preis- und Lohnerhöhungen vorgenommen werden.

Zugverkehr

Von Juli an verkherten auch wieder die rsten ZÜGE MIT Personenb eförderung. Von deutschen zivilisten durften sie noch nicht benütz werden. Reisen mussten noch immer per Anhalter gemacht werdne.

Zeitung

Mitte Juli tauchte in Türkheim die erste Zeitung auf. Es war der damals noch wöchentlich erscheinende „Augsburger Anzeiger". Um die gleiche Zeit gab der Landkreis Mindelheim im Auftrage der Militärregierung wöchentlich ein Amtsblatt mit Verordnungen der Besatzungsmacht heraus. Die Bekanntmachungen waren anfänglich neben Deutsch auch in englischer und russischer Sprache abgedruckt.

DPs

Von Juli an wurde in Tükheim eine große Anzahl von jüdischen Hochzeiten gefeiert. Von den ehemaligen Häftlingen konnten in der Folgezeit die ersten Hundert nach Ungarn zurücktransportiert werden. Eine längst erhoffte

Erleichterung des Wohnungsmarktes war jedoch nur von kurzer Dauer.

Den zu den in Türkheim verbliebenen DPs (displaced persons) kamen nun laufend Neuzugänge, besonders aus Polen. Auf Anordnung der Militärregierung musste auch für dieses Zuziehenden entsprechender Wohnraum bereitgestellt werden. Einen großen Teil der Versorgung der DPs übernahm jetzt die UNNRA, eine hauptsächlich amerikanische Hilfsorganisation, die in Bad Wörishofen eine Nebenstelle und ein Auslieferungslager eingerichtet hatte.

Aberkennung der Ehrenbürgerschaft

Am 23. Juni wurde die Aberkennung der am 9. Mai 1933 Adolf Hitler, Paul von Hindenburg, Ritter von Epp und Julius Streicher verliehen Ehrenbürgerschaft vollzogen.

Ablieferung und Dünnbier

Anfangs August mussten auf eine Verfügung der Besatzungsmacht alle noch in privatem Besitz befindlichen Photoapparate, Ferngläser, Motorräder, PKW und LKW der Militärregierung bekanntgegeben werden. Bleichzeitig hieß es in einer weiteren Verlautbarung: „Jeder Besitz und jede Produktion alkoholischer Getränke ist untersagt". Über längere Zeit konnte in den Türkheimer Gaststätten nur Dünnbier ausgeschänkt werden, da die Brauereien nur die Besatzungsmacht und die DPs mit Vollbier beliefern durften.

Entwaffnung

In einer der ersten Nummern des Mitteilungsblattes der Militärregierung vom August hieß es in einem Aufruf an die deutsche Bevölkerung u.a.: „Deutschland wird vollkommen entwaffnet!" Noch deutlicher hieß es in einer Botschaft des

Oberbefehlshabers der US-Streitkräfte aus der gleichen Zeit: „Militarismus in jeglicher Erscheinungsform wird in Deutschland ausgerottet".

Verkehr

Von August an wurde die Beförderung von Zivilpersonen auf der Eisenbahn in beschränktem Umfange erlaubt und aufgenommen. Bis dahin war es nur möglich mit den wenigen Zivillastwagen größere Entfernungen zurückzulegen. Die amerikanische Armee hatte sog. Stoppstellen eingerichtet, an denen deutsche LKW und manchmal auch Armeelastwagen aufgehalten wurden und die Reisenden mitnehmen mussten. Für eine Strecke von ein paar hundert Kilometer benötigte man oft mehrere Tage. Nicht selten stand man stunden- ja halbe Tage lang an den Stoppstellen. Die Menschen waren in dieser Zeit geduldig geworden.

Amtsgericht

Am 1. September nahm das Amtsgericht in Türkheim seine Tätigkeit wieder auf. Besondere Straffälle blieben jedoch weiter zur Aburteilung den amerikanischen Militärgerichten vorbehalten.

Tageszeitung

Nun gab es schon zweimal in der Woche eine Tageszeitung. Man konnte die Zustellung kaum erwarten, da man buchstäblich nachrichtenhungrig geworden war. Über Jahre war man vom Weltgeschehen nur einseitig unterrichtet worden, darum war man jetzt heilfroh, wieder eine einigermaßen freie Nachrichtenvermittlung zu besitzen. Da auch der Rundfunk die Sendezeiten ständig erweiterte, sah man schon wieder Lichtblicke und Wege aus dem Chaos.

Post

Von September an konnte man wieder an alle Orte im US-Besatzungsgebiet Postsendungen aufgeben. Bis dahin gab es keinerlei Postverkehr. Die Beförderung von Paketen war jedoch noch nicht möglich.

Heimatvertriebene

Schwerste Belastung entstand für die Gemeinde mit der vom Staat angeordneten Aufteilung der nun verstärkt aus den Ostgebieten einströmenden deutschstämmigen Heimatvertriebenen. Innerhalb weniger Monate mussten im Bereich des Marktes ca. 90 Familien untergebracht werden. Die notwendige Beschlagnahme von Wohnraum löste in vielen Fällen Auseinandersetzungen unter der Einwohnerschaft und den die Beschlagnahme ausführenden Organen aus.

DPs

Erhebliche Schwierigkeiten für die Gemeinde brachte auch im Herbst eine Anordnung der Besatzungsmacht, nach der sämtliche von den DPs bewohnten Räume mit Öfen und Herden zu versehen seien. Als Begründung wurde angeführt, dass noch während des Winters eine größere Anzahl von Geburten zu erwarten sind. Durch Beschlagnahmungen und Ankäufe konnte dann doch der größte Teil des Bedarfes gedeckt werden. Der Gemeinde wurde weiter zur Auflage gemacht, genügend Brennholz zur Verfügung zu stellen.

Sportverein Salamander

Obwohl im Herbst jede Weiterführung der früheren Vereine von der Besatzungsmacht noch untersagt war, nahm die Fußballabteilung des Sportvereins Salamander bereits im Oktober unter der Führung von Oskar Stricker den privaten Spielbetrieb auf. Vom Krieg und der Gefangenschaft gesund heimgekehrte Spieler und fußballbegeisterte Jugendliche bildeten bald eine Mannschaft, die nach wiederholten Eingaben von der Militärregierung die Genehmigung zum offiziellen Spielbetrieb erhielt.

Wieder Schule

Am 1. Oktober wurde der Volksschulunterricht, der seit Kriegsende eingestellt war, wieder aufgenommen. Von dieser Nachricht waren die Kinder, die fünf Monate lang keine Schule zu besuchen brauchten, nicht sonderlich begeistert

Schwarzmarkt - Mangelware

Die begehrtesten Arbeitsplätze dieser Zeit waren die Versorgungsdepots der US-Armee, da dort doch manches abfiel, was sonst nur sündteuer auf dem Schwarzmarkt erreichbar war. Um des Lohnes wegen arbeitete man kaum. Die meisten besaßen genügend Geld, für das man durch den Warenmangel nichts einkaufen konnte. Es war besonders um die Lebensmittelmarken, die man nur mit einem Beschäftigungsnachweis erhielt. Mancher nahm, nur um die Schwer- oder Schwerstarbeiterzulagen zu erhalten, eine ungewohnte körperliche Tätigkeit an. Ehemalige Mitglieder der NS-Organisationen durften nur als gewöhnliche Arbeiten beschäftigt werden. Auch durften sie nur eingestellt werden, wenn andere Arbeitskräfte nicht zur Verfügung standen.

Ein guter Teil der Lebensmittel und Waren aller Art flossen nun schon in dunkle Kanäle und für den Schwarzmarkt, der leidigsten Erscheinung von Kriegs- und Nachkriegszeiten, brach die große Zeit an. Die Türkheimer DPs und die amerikanischen Truppen, aber auch Einheimische selbst betrieben einen schwunghaften Handel mit allen erdenkbaren Waren. Die begehrtesten davon waren die amerikanischen Zigaretten, für die man alles erhielt, auch Unanführbares.

Ausgangssperre

Ende Oktober wurde wegen einer angeblichen Beleidigung von US-Soldaten durch junge Türkheimer das Ausgehverbot wieder verschärft und für ein halbes Jahr auf die Zeit von 19 bis 5 Uhr festgesetzt. Die Gaststätten hatten während des ganzen Winters vor 19 Uhr zu schließen. (Die Ausgehbeschränkungen wurden erst im Frühjahr 1946 aufgehoben.)

Postverkehr

Im November konnte der Postverkehr endlich auch mit den übrigen Besatzungszonen und dem westlichen Ausland aufgenommen werden.

Kleidersammlung auf Weihnachten

Ein paar Wochen vor Weihnachten rief das Rote Kreuz in Türkheim zu einer Kleidersammlung für die zahllosen Bedürftigen auf. In dem Aufruf an die Bevölkerung hieß es u.a.: „Jeder helfe wo er kann, um der bittere Not und dem unbeschreibbaren Elend zu begegnen!"

Versorgung auf Weihnachten

Nach längerer Zeit gab es vor Weihnachten für alle Personen über 18 Jahren wieder einmal ein Stück Einheitsseife und eine Packung Waschpulver.

1946

Bestrafung von Bürgermeister Singer

Wegen einer Beschwerde über Hausdurchsuchungen, die jüdische DPs in Begleitung von US-Soldaten noch anfangs Januar in Türkheimer Häusern vornahmen, wurde Bürgermeister Singer von der Militärregierung gemaßregelt und zu einer Geldstrafe von 5.000 Reichsmark verurteilt.

Gemeindewahlen

Bei den ersten demokratischen Gemeindewahlen am 27. Januar wurde Stefan Singer als 1. Bürgermeister bestätigt und Benedikt Wech als 2. Bürgermeister gewählt. Dem Gemeinderat gehörten nun Vertreter aller zugelassenen Parteien an.

Stromsperre

Das leidigste dieser Wintermonate waren die häufigen Stromsperren, die oft auch unangekündigt über ganze Tage, über die Nachtzeit oder über Abend- und Morgenstunden angeordnet wurden. Da es auch an anderen Beleuchtungsmitteln mangelte, wurden die Einschränkungen hart empfunden.

Wahl zur verfassungsgebenden Landesversammlung

Im Sommer gaben in Türkheim von 1634 Wahlberechtigten 1134 (69,4 %) ihre Stimme ab.

Es erhielt die

CSU:	757 (66,8 %)
SPD:	277 (23,4 %)
WAV (wirtschaftliche Aufbauvereinigung):	49 (4,3 %)
KPD:	32 (2,8 %)
FDP:	8 (0,7 %)

Stimmen.

Entnazifizierung

Anfang September nahmen die sog. Spruchkammern, eine von den Besatzungsmächten angeordnete Einrichtung zu Einstufung und Bestrafung ehemaliger Nationalsozialisten ihre Tätigkeit auf. Von der alliierten Militärbehörde war dazu „das Gesetz zu Befreiung von Nationalismus und Militarismus in Deutschland" erlassen worden. Für Türkheim war die Spruchkammer Mindelheim zuständig. Zu den Verfahren, die von deutschen Laienrichtern unter Überwachung der Militärregierung abgewickelt wurden, zog man als Beisitzer auch unbelastete einheimische Bürger heran. Auch einige Türkheimer wurden auf Vorschlag dazu bestimmt. Die mündlichen Verfahren gegen stärker Belastete wurden allgemein von zwei gebildeten Laienrichtern und vier vom Gesetz nicht betroffenen Beisitzern durchgeführt. Die schriftlichen Verfahren gegen minder Belastete konnten von einem Richter und zwei Beisitzern abgewickelt werden. Die Termine der Verhandlungen kamen mit den Namenlisten im Amtsblatt des Landkreises zur Veröffentlichung. Damit erging an die Bevölkerung der Aufruf, der Spruchkammer belastende und entlastende Tatsachen mitzuteilen. Deutlich wurde an die Einwohnerschaft appelliert, sich bei den Anschuldigungen jeder persönlichen Polemik zu enthalten, um ein gerechtes Urteil finden zu können.

Es soll hier zugegeben werden, dass die Handhabung dieser sog. Entnazifizierung, die nicht nur von den Siegermächten angeordnet, sondern von der ganzen Welt gefordert wurde, denkbar schwierig war. Doch konnte sie, mit wenigen Ausnahmen, in humaner Form zum Abschluss gebracht werden. Von den Besatzungsmächten waren vor Beginn der angeordneten Maßnahmen sechs Einstufungen der „von Gesetz Betroffenen", vom Hauptschuldigen bis zum „Mitläufer" festgelegt worden. Jede Person hatte auf dem amtlichen Ausweis, den man ständig bei sich führen musste, den Spruchkammerbescheid eintragen zu lassen. Der Eintrag „Mitläufer" umfasste einen großen Personenkreis, der sich nur aus materiellen Gründen aber auch aus Angst oder Feigheit der Partei oder einer NS-Organisation beigetreten war.

Landtagswahl und Volksentscheid

Bei der am 1. Dezember durchgeführten Wahl zum Bayerischen Landtag gaben von 2002 Wahlberechtigten 1248 (63 %) ihre Stimme ab.

CSU   774   62,0 %
SPD   244   19,5 %
WAV   88   7,1 %
KPD   59   4,7 %
FDP   22   1,8 %

Die Abstimmung zum Volksentscheid über die neue bayerische Verfassung ergab
885 Ja- und 269 Nein-Stimmen.

Lebensmittel

Die Lebensmittelration für die im März beginnende Verteilungsperiode (4 Wochen) betrug für Normalverbraucher 1200 gr. Brot, 800 gr. Fleisch, 400 gr. Fett, 125 gr. Käse und 3 ½ Liter entrahmte Frischmilch. Dazu wurden 4 Eier aufgerufen. Auch gab es eine Sonderzuteilung von ½ kg. Sauerkraut pro Person. Vor Ostern kamen erstmals Seefische zur Verteilung. Für eine Fleischmarke zu 50 gr. erhielt man 300 gr. Fische. Auf die Raucherkarte gab es wieder einmal 20 Zigaretten oder entsprechende andere Rauchwaren.

Schwarzhandel

Trotz der immer wieder erfolgenden Androhung strengster Bestrafung für den Schwarzhandel, nahm dieser immer weiter überhand. Die noch im Markt anwesenden DPs waren daran maßgebend beteiligt, konnten jedoch behördlich kaum zur Rechenschaft gezogen werden.

Rückkehr aus der Kriegsgefangenschaft

Vereinzelt trafen in dieser Zeit Türkheimer aus der Kriegsgefangenschaft ein. Sie wiesen überwiegend einen schlechten gesundheitlichen Zustand auf. Die meisten von ihnen hatten die härtesten Strapazen der Kriegsgefangenschaft zu ertragen gehabt.

Tauschzentrale für Textilien

Das Amtsblatt des Landkreises gab anfangs April bekannt, dass in Mindelheim eine Tauschzentrale für Kleidungsstücke und Schuhe eingerichtet worden sei. Gleichzeitig machte man auf das mögliche Umfärben von Uniformstücken, besonders von Wehrmachtsmänteln, Decken u.a. aufmerksam. Das Tragen von Uniformteilen der aufgelösten deutschen Wehrmacht war nur in umgearbeiteter Form gestatten. Da nun schon seit Jahren kaum mehr Wäsche und Kleidungsstücke zu erwerben waren, wurde der Mangel immer fühlbarer. Nicht wenige, besonders Heimatvertriebene, besaßen nicht mehr als was sie auf dem Leibe trugen. Um, wie es in einem Aufruf hieß, „die erschreckende Not der Zeit zu lindern", wurde im April auch in Türkheim eine erneute Sammlung von Stoffabfällen durchgeführt. An die Bevölkerung wurde eindringlich appelliert, das letzte Entbehrbare den Sammlern zu übergeben.

KZ-Gedenkstätte

In einer Gedenkstunde für die mehr als einhundert verstorbenen namenlosen Opfer des KZ-Lagers, Außenposten Türkheim, am Jahrestag der Befreiung der 400 überlebenden Häftlinge, kündigte Bürgermeister Singer die Errichtung eines würdigen Ehrenmals an der Stelle der nunmehrigen Bestattung der Opfer an.

Wohnraumbeschaffung

Die Beschaffung von Wohnraum stellte die Gemeinde immer wieder vor fast unlösbar scheinenden Aufgaben. Wohl wanderten nun schon mehrere DPs nach Amerika und Palästina aus, doch besserte sich die Wohnungslage im Markte kaum. Die noch weiter einströmenden Flüchtlinge aus alten Reichsgebieten und östlichen Ländern zwangen immer wieder zu Beschlagnahmungen und unliebsamen Belegungen von Wohnraum

90. Zuteilungsperiode

Für die 90. Zuteilungsperiode (Juni – Juli 1946) wurden für Erwachsene ohne Zulage aufgerufen: 4000 gr Brot, 500 gr. Fett, 1000gr. Fleisch, 600 gr. Nährmittel, 250 gr. Käse, 250 gr. Zucker, 500 gr. Fisch und 8 Liter entrahmte Milch. Wohl war nun die Fleischration auf ein ganzes Kilo angehoben worden, dafür kamen aber nur 4000 gr Brot (pro Woche 2 Pfund – der bisherige Niedersatz) für den Normalverbraucher zur Ausgabe.

1947

Versorgungsperiode, Löhne und Preise

In der 2. Versorgungsperiode wurde die Fettration erneut herabgesetzt. Erwachsene erhielten nun 250 gr., Kinder, Jugendliche, Schwer- und Schwerstarbeiter entsprechend andere Sätze.

Während die Löhne und Lebensmittelpreise nicht erhöht werden durften, wurden im Frühjahr die Preise für Rauchwaren um mehr als 300 % angehoben. Es gab jedoch nicht mehr Rauchwaren als bisher. Die wöchentliche Zuteilung lag gewöhnlich zwischen 15 und 20 Zigaretten. Amerikanische Zigaretten kosteten auf dem Schwarzmarkt 5 RM das Stück. Sie waren nur für Wenige erreichbar. Für eine einzige amerikanische Zigarette hatte man bei Salamander 3 Stunden zu arbeiten.

Über Monate gab es, auch mit den ausgestellten Bezugscheinen, keine Fahrradbereifung. Die genehmigte Produktion konnte – besonders wegen des Rohstoffmangels – den Bedarf nur zu einem geringen Teil decken.

Verkehr

Von einem zivilen Kraftwagenverkehr war noch keine Rede. Die Betriebsstoffzuteilung erfolgte nach Überprüfung und Fahrgenehmigung durch das zuständige Wirtschaftsamt. Für Privatfahrten gab es nur in Ausnahmefällen Genehmigung. Doch ging auch hier manches krumme Wege. Eine große Anzahl LKW hatte den genehmigungsfreien Holzvergaserantrieb. Hier musste jedoch schon nach kurzen Strecken wieder Holz nachgefüllt werden. Die Fahrzeuge zogen oft eine Rauchfahne nach sich, wie eine Dampflok der Eisenbahn.

Zuteilungen

Mit der im Juni beginnenden 102. Zuteilungsperiode wurden die Rationen wieder merklich beschnitten. Es kamen z.b. nur 200 gr. Fett, 400 gr. Fleisch und 4000 gr. Brot für den Normalverbraucher zum Aufruf.

Volksbad

Am 1. Juni konnte das Türkheimer Volksbad nach einer vorläufigen Instandsetzung erstmals nach dem Kriege für die Einwohnerschaft zugänglich gemacht werden. Es war zwei Sommer von der Besatzungsmacht beschlagnahmt gewesen. Da es erhebliche Schäden aufgewiesen hatte, waren umfassende Reparaturen notwendig geworden.

Felddiebstähle und Wilderei

Die immer mehr zunehmenden Felddiebstähle zwangen die Gemeinde im Juli einen verstärkten Feldschutz von vier Mann aufzustellen. Der Wildbestand war in dieser Zeit schon auf ein Minimum gesunken. Er wurde besonders durch Besatzungsangehörige, aber auch durch Einheimische dezimiert.

Rotes-Kreuz-Auto

Mit Zuwendungen von Staat und Kreis und einem erheblichen Zuschuss der Gemeinde konnte im Juli das Türkhimer Rote Kreuz ein längst dringend benötigtes Sanitätsauto beschaffen.

Rasierklingenzuteilung

Nachdem schon über ein halbes Jahr keine Rasierklingen mehr erhältlich waren, kam es im Juli zu einer längst benötigten Zuteilung. Die Abgabe erfolgte auf die Seifenkarte der männlichen Erwachsenen. Die Klingen hatten jedoch nur eine kurze Gebrauchsdauer.

Hungerweihnacht

Eine Woche vor Weihnachten – noch lange als Hungerweihnachten bezeichnet – kamen neben geringen Rationserhöhungen als Sonderzuteilung 250 gr. Zuckerwaren für Kinder und Jugendliche zum Aufruf.

Das wöchentlich erscheinende Türkheimer Anzeigeblatt, eine dürftige Lokalausgabe mit amtlichen Bekanntmachungen, brachte jetzt öfters Tauschanzeigen, aus denen überdeutlich die Not der Zeit zu lesen war. So hieß es z.B. einmal: „Biete Damenfahrrad ohne Bereifung gegen alte Matratze."

Die Beschaffung notwendiger Gebrauchsgüter wurde immer schwieriger. Aus einer Bekanntmachung geht hervor, dass nun zum Bezug eines Kinderwagens 6 kg Altpapier abgeliefert werden müssen.

1948

Katholische Universität

Von einem, fast als phantastisch zu bezeichnenden Projekt, erhielt die Einwohnerschaft Türkheims im Herbst Kenntnis. Danach sollte nordwestlich des oberen Bahnhofes auf einem Gelände von etwa 50 ha eine internationale katholische Universität errichtet werden. Man hielt in Türkheim die Sache illusorisch und maß ihr keine Bedeutung zu. Als man jedoch anfangs 1948 erfuhr, dass eine Kommission, der auch der Münchner Weihbischof Scharnagl und Vertreter des bayerischen Kultusministeriums angehört hatten, zu einer Geländebesichtigung in Türkheim waren, schenkte man der Angelegenheit doch mehr Glauben. Zu diesem Projekt soll sogar die Einwilligung des Heiligen Stuhles bereits vorgelegen haben. Nach Monaten der Ungewissheit erhielt die Gemeinde Mitte April eine Benachrichtigung, derzufolge die Verwirklichung des Planes zu dieser Zeit noch nicht gegeben erschien. Das großangelegte Projekt kam erst einige Jahre später bei Frankfurt a.M. zur Durchführung.

Lebensmittelversorgung

Die niedrigste Fettration, die während der gesamten Zwangsbewirtschaftung zur Ausgabe gelangte, betrug in der 111. Versorgungsperiode (Februar 1948) 75 gr. für den Normalverbrauch. Auch kamen für diese vier Wochen nur 82,5 gr. Käse zum Aufruf. Mit der nächstfolgenden 112. Zuteilungsperiode wurde die Fettration wieder um 100 gr. angehoben. Als die Klagen über die schlechte Ernährungslage des deutschen Volkes nicht mehr verstummten, gab man mit den Zuteilungssätzen auch deren Kalorienwerte bekannt. Sie betrugen im Februar 1181 Kalorien als errechneter und von der Besatzungsmacht für ausreichend befundenen Tagessatz.

Primiz von Vinzenz Happ

Am Josefitag feierte Vinzenz Happ in seinem Geburtsort Türkheim seine Primiz. Die bittere Not der Zeit – es gab damals die niedrigste Lebensmittelzuteilung der Kriegs- und Nachkriegsjahre – war auch hier spürbar. Türkheimer Bürger sorgten für ein reichliches Primizmahl.

Lebensmittelversorgung

Mit der 113. Versorgungsperiode kamen 265 gr. Fett, mit der 114. 400 gr. und mit der 115. und 116. 500 gr. Fett zum Aufruf. Dafür wurden aber bei der Juni-Zuteilung nur 100 gr. Fleisch ausgegeben. Der Engpass in der Fleischversorgung wurde nicht zuletzt verursacht, weil die Bauern wegen der mutmaßlich nahen Währungsumstellung kein Schlachtvieh mehr verkauften.

Gemeindewahl

Im Mai wurden erneut Gemeindewahlen durchgeführt. Das Ergebnis wich nur unbedeutend von dem der ersten demokratischen Wahl von 1946 ab. Erstmals tauchten neue Wählergruppen wie „Junge Generation" und „Notgemeinschaft der Heimatverwiesenen und Ausgebombten" auf. Mit 78 % der bei der Bürgermeisterwahl abgegebenen Stimmen wurde Stefan Singer erneut als 1. Bürgermeister des Marktes bestätigt.

Währungsreform

Am 20. Juni erfolgte die längst fällige und erwartete Währungsreform. Die Reichsmark wurde von diesem Tage an außer Kurs gesetzt und pro Kopf der Bevölkerung 40 Mark der neuen Währung, nun Deutsche Mark – DM bezeichnet – ausgegeben. Die neuen Zahlungsmittel waren in den USA vorbereitet worden. Mit der RM verlor auch die Besatzungsmark, für die Besatzungsangehörigen seit

Kriegsende ausgegebenen Zahlungsmittel, ihre Gültigkeit. Von den Sparkonten der Bevölkerung, die durch den langen Warenmangel erheblich angewachsen waren und den nach der Umstellung noch einbezahlten Reichsmarkbeträgen wurden der Allgemeinheit nur Teilbeträge im Verhältnis 1 : 10 umgestellt. An die Bevölkerung erging eine Aufforderung zur Anmeldung der RM-Guthaben und zur Ablieferung von RM-Bargeld, um – wie es hieß – dem gänzlichen Verfall vorzubeugen. Viele hüteten sich jedoch wohlweislich nicht nachweisbar erlangte hohe RM-Beträge einzubezahlen. Auch eine Anzahl Türkheimer hatten, wie man erzählte, erhebliche RM-Summen, die nicht umgestellt zu werden brauchten.

Wie vor 25 Jahren vollzog sich auch diesmal das große Wunder: "Die Geschäfte waren schon am Tage nach der Währungsreform von Waren angehäuft" und die Bezugsscheinpflicht über Nacht aufgehoben. Die Lebensmittelrationierung blieb jedoch weiter bestehen. Eine Verbesserung der Ernährungslage zeichnete sich nur langsam ab. Allerdings war jetzt – so man über DM verfügte – „hintenherum" alles zu erreichen.

Geldmangel

Das wirtschaftliche Leben kam wegen des Geldmangels nur zögernd in Fluss. Das lokale Anzeigeblatt und eine nun neuerschienene Heimatausgabe der Schwäbischen Landeszeitung brachten langsam auch Stellenangebote, Geschäfts- und Verkaufsanzeigen. Um DM waren nun Waren erhältlich, die man seit Jahren nicht einmal mehr zu sehen bekommen hatte.

Rauchwaren

Der Preis für die vielbegehrten amerikanischen Zigaretten war jetzt auf -.20 DM für das Stück gefallen. Sie waren für den kleinen Mann nicht erschwingbar. Deutsche Rauchwaren blieben noch weiter Mangelware.

Anfang Juli wurde bekannt gegeben, dass die seit den ersten Kriegsjahren bestehende Verordnung über den Tabakanbau noch weiter Gültigkeit besitzt. Danach waren nur 15 Tabakpflanzen steuerfrei, jede weitere musste angemeldet und dafür Steuer entrichtet werden.

Bunzlauer Scherben

Der erste Betrieb, der seine Belegschaft erheblich erhöhen und die Produktion erweitern konnte, war das 1947 neu gegründete Keramikwerk auf dem Ludwigsberg, das feuerfestes Bund- und Braungeschirr, sog. Bunzlauer Scherben herstellte. Die Nachfrage nach den Erzeugnissen kam besonders von den Heimatvertriebenen, die den gesamten Hausrat zurücklassen mussten. Der Betrieb beschäftigte im September bereits 25 Arbeitskräfte.

Rückkehrer aus der Gefangenschaft.

Im Frühherbst kamen zahlreiche Türkheimer aus jugoslawischer, französischer und besonders russischer Gefangenschaft zurück. Mehrere mussten in Krankenhäuser und Wehrmachtserholungsheime eingewiesen werden. Der gesundheitliche Zustand war bei einigen denkbar schlecht. Mehrere von ihnen hatten eine fünf- bis siebenjährige harte Kriegsgefangenschaft hinter sich.

Sparkasse

Durch einen Erlass der Militärregierungen der USA, Frankreichs und Großbritanniens wurde mit der von ihnen angeordneten Währungsreform am 20. Juni eine Neuformierung des Sparkassenwesens verfügt. Danach wurde die am 1.8.1855 als selbständige, öffentlich rechtliche Kreditanstalt gegründete Sparkasse Türkheim mit der

Sparkasse Mindelheim vereinigt und ist nun im Zweckverband der Kreis- und Stadtsparkasse Mindelheim aufgegangen.

Zeitung

Am 1. Oktober erschien eine weitere Tageszeitung mit einem Türkheimer Lokalteil, die „Mittelschwäbische Tagespost".

Herbstmarkt

Der Herbstmarkt enthielt erstmals wieder ein reichhaltiges Angebot von Waren aller Art. Doch war das Geld noch so wenig, d.h. die Kaufkraft so gering, dass es kaum zur Anschaffung des Notwendigsten reichte.

Aufhebung der Bewirtschaftung

Im Oktober wurde die Bewirtschaftung der Kartoffel aufgehoben. Weitere Lockerungen auf dem Ernährungssektor bahnten sich nur zögernd an. Zur Ausstellung eines Schlachtscheines war noch immer der Nachweis notwendig, dass die festgesetzten Erzeugnisse (Korn, Eier usw.) bisher ordnungsgemäß abgeliefert worden waren.

DPs

Eine starke finanzielle Belastung entstand der Gemeinde seit der Geldumstellung mit den nun in DM zu bezahlenden Mieten für die noch in Türkheim wohnenden DPs und Ausländer. Wohl waren die Vermietpreise vorgeschrieben, doch hatte die Gemeinde monatlich rund 1.3000.- DM aufzubringen.

120. Versorungsperiode

Für die im November beginnende 120. Versorgungsperiode kamen für Erwachsene ohne Zulage 11000 gr. Brot, 400 gr. Fleisch, 625 gr. Fett, 1625 gr Nährmittel, 125 gr Käse, 1500 gr.

Zucker und 800 gr. Fisch zum Aufruf. Das entsprach bereits einem Kalorienwert von über 2500 Einheiten. Die Zuteilung von Seife und Waschpulver, auch von Feinseife für Kinder, wurde nun merklich erhöht.

Verkehrsunfälle

Am frühen Morgen des 8. Dezembers ereignete sich am Bahnübergang der Wörishofer Strecke über die Staatsstraße, südlich des oberen Bahnhofes, ein folgenschweres Unglück. Ein Lastkraftwagen wurde von der Lokomotive erfasst und der vordere Teil fast völlig zertrümmert. Von den fünf Insassen erlitten zwei erhebliche Verletzungen. Es schien fast unglaublich, dass das Unglück kein Todesopfer gefordert hatte. Eine Woche später gab es bei einem Zusammenstoß zwischen einem Lastwagen und dem Staudenbähnle an der Römerstraße im nördlichen Ortsteil hohen Sachschaden. Eine Person wurde nur unwesentlich verletzt.

Sammlungen

Vor Weihnachten brachte eine Haus- und Straßensammlung für die von der Währungsreform am stärksten Geschädigten, besonders für alte Menschen, ein hervorragendes Ergebnis.

Diebstähle

Da zu dieser Zeit noch sehr schwer Fahrradbereifung zu bekommen war, wurde noch häufig von Fahrraddiebstählen berichtet.

1949

Oberes Wertachwehr
Die von der Gemeinde längst angestrebte Übernahme des oberen Wertachwehres durch den bayerischen Staat wurde am 1. April vollzogen. Dadurch wurde die Gemeinde von den oft erheblichen Kosten verursachenden Unterhalt des Stauwehres befreit.

Lebensmittelrationen
In den ersten Monaten veränderten sich die im November erhöhten Lebensmittelrationen noch einmal zu Ungunsten der Bevölkerung. Im Januar trat ein Engpass in der Fleisch- und Fettversorgung ein, der wieder erhebliche Kürzungen zur Folge hatte.

Wildschweine
Im Februar wurden mehrmals in den nordwestlichen Wald- und Flurgebieten Wildschweine gesichtet. Bei von der Militärregierung genehmigten Streifzügen einiger Jäger konnten auch Spuren dieser Tiere festgestellt werden.

Amerikanische Zigaretten
Auf einigen im Februar zum Aufruf gelangenden Abschnitten der Raucherkarte konnten amerikanische Zigaretten bezogen werden. Die Raucher waren darüber nicht wenig froh; denn seit Jahren gab es nur Rauchwaren aus überwiegend deutschem Tabak.

Brand der Krone
Am 6. März brannte der weitbekannte Gasthof Krone völlig ab. Der Brand soll durch einen Sägemehlofen entstanden sein. In dem Gasthof war zu dieser Zeit noch das jüdische Komitee

untergebracht. Ein Raum war als jüdischer Betsaal eingerichtet.

Himmelserscheinung

Eine eigenartige Himmelerscheinung am 7 . März hielten mehrere Einwohner für ein Vorzeichen einer kommenden Katastrophe. Die Angstpsychose wurde noch durch im Markt wohnende Mitglieder einer religiösen Sekte genährt. Die Katastrophe „fand jedoch nicht statt". Man hatte von der vergangenen noch genug.

Nur noch wenige DPs

Im März wohnten in Türkheim noch rund 100 Ausländer. Davon waren kaum mehr die Hälfte ehemalige Häftlinge des Türkheimer KZ-Lagers. Für die nächsten Monate wurde eine verstärkte Auswanderung angekündigt.

Typhus

Als Mitte März in Türkheim bekannt wurde, dass im nahen Mindelheim eine Typhusepidemie ausgebrochen sei, stellte man jeden Besuch in der Kreisstadt ein. Auch die Gemeinde Türkheim gab Verhaltensanweisungen heraus. Der Höchststand der Seuche in Mindelheim war am 29. März mit 158 positiven Fällen erreicht. Danach klang die Epidemie langsam ab.

Einwohner

Ende April zählte man in Türkheim 4077 Einwohner. Obwohl nun immer häufiger Türkheimer aus russischer Kriegsgefangenschaft eintrafen, wusste man noch eine Anzahl in Lagern der Sowjetunion. An der seit Kriegsende bekannten Vermitzenzahl hatte sich wenig verändert. Jede Woche einmal brachte die Heimatzeitung ganzseitig Vermisstenanzeigen.

Salamander

Das Türkheimer Salamanderwerk erweiterte im Frühjahr die Produktion erheblich. In einem umfangreichen Neubau wurde die Fertigung für Hinterkappen und in einem weiteren der überwiegende Teil der Schäftestepperei für das Kornwestheimer Hauptwerk untergebracht. Letztere gewann nun von Jahr zu Jahr größere Bedeutung

Ernährungslage

Als sich nun die Ernährungslage wesentlich besserte, wurde auch die Erfassung der landwirtschaftlichen Erzeugnisse nicht mehr so strikt gehandhabt. Doch wurde auf Bestrebungen, die Zwangswirtschaft auf dem Ernährungssektor aufzuheben, bekanntgegeben, dass daran noch nicht zu denken sei.

Kindergarten

Im Frühjahr konnte die Gemeinde unter günstigen Bedingungen an der Altbürgermeister-Wiedemann-Straße (früher Laternenweg) ein Haus, das sich zur Errichtung eines längst notwendigen gemeindlichen Kindergartens eignete, erworbe. Die ruhige Lage und der geräumige 1,7 Tagwerk große Garten, aber auch der mäßige Preis von 35.000 DM sprachen für einen raschen Ankauf. Dem Haus, in dem damals die Nebenstelle der Allgemeinen Ortskrankenkasse untergebracht war, wurde bald darauf ein Erweiterungsbau für den Kindergarten angefügt. Damit konnte durch die Initiative Bürgermeister Singers ein längst gefordertes Projekt verwirklicht werden.

Um die ersten Wege zu einem Neubau zu beschreiten, beschloss nun der Gemeinderat den Verkauf von Bausteinen und die Zeichnung von Anteilscheinen einzuleiten.

Den Gemeinden wurden jetzt von der Besatzungsmacht in der kommunalen Verwaltung weitere Freiheiten zugestanden.

Über größere Maßnahmen mussten jedoch noch immer die Vertreter der Militärregierung unterrichtet und um deren Genehmigung nachgesucht werden.

Es wird allmählich gebaut

Im Frühsommer konnte man von einer Belebung des Baumarktes noch nicht sprechen. Der private Wohnungsbau kam nur zögernd in Fluss. Lediglich Um- und Neubauten von Geschäften und Produktionsstätten von Heimatvertriebenen (sog. Flüchtlingsbetriebe) konnten durch großzügige Finanzierungsbeihilfen durchgeführt werden. Der größte Teil der Bauarbeiter war jedoch noch arbeitslos.

Verbesserte Nahrungsmittelversorgung

Durch nun verstärkte Einfuhren konnten im Mai die Fettration auf 750 gr., im Juni auf 875 gr. und im Juli auf 1.000 gr. für den Normalverbraucher erhöht werden. Auch die Fleisch- und Käserationen wurden merklich angehoben.

Knabenschule

Die Schulraumnot trat in Türkheim nun immer stärker in Erscheinung. Der vielerhobenen Forderung nach einem Schulhausneubau konnte die Marktgemeinde aus finanziellen Gründen noch nicht nähertreten. Sie konnte lediglich wieder einmal den Rathaussaal, der schon öfters als Schulraum benützt worden war, für den Schulunterricht zur Verfügung stellen.

Gasthaus Adler verliert den Erker

Unmut erregte bei vielen Einwohnern in dieser Zeit die Entfernung des Erkers an der Straßenfassade des Gasthofes Adler. Die bis in das Mittelalter nachzuweisende Gaststätte verlor damit ihr altvertrautes, den Kirchenplatz belebendes Bild. Der Besitzerin des Gasthofes, die Iglinger

Schlossbrauerei, wurde jedes Verständnis für historische Bauten abgesprochen.

Einwohner

Am 1. Juli war die Einwohnerzahl des Marktes wieder auf 4006 abgesunken. Davon waren 2830 Einheimische, 771 Flüchtlinge und Heimatvertriebene, 283 Evakuierte und 122 Ausländer, einschließlich der 77 DPs

Kartoffelkäfer

Nachdem im Spätsommer erneut Kartoffelkäfer im Türkheimer Flurbereich festgestellt worden waren, ordnete die Gemeinde wieder eine Suchaktion an. Von jedem Haushalt hatte sich eine Person daran zu beteiligen. Auch die Schuljugend, die schon Ferien hatte, wurde aufgerufen. Die Schüler erhielten pro halben Tag -.20 DM von der Gemeinde und weitere -.20 DM musste ihnen der Besitzer des abgesuchten Kartoffelfeldes bezahlen. Als man noch eine Prämie versprach, spornte das die Schuljugend gewaltig an. Einer der Buben brachte es an einem Nachmittag auf 230 Käfer.

Erdöl?

Im Juli wurden auf dem Ludwigsberg Bohrungen nach Erdölvorkommen gemacht. Die Bohrungen, die viele Neugierige anzogen, sollten bis in eine Tiefe von 300 Meter vorgenommen worden sein. Sie verliefen jedoch negativ.

Evangelische Gottesdienste

Da nun die evangelische Gemeinde in Türkheim schon auf über 400 Personen angewachsen war und noch über keinen eigenen Kirchenraum verfügte, erlaubte die katholische Kirchenverwaltung die Abhaltung der evangelischen Gottesdienste in der Pfarrkirche. Der Entschluss wurde allgemein begrüßt; jedoch von einigen der Zeit verschlossenen Bürgern nicht gebilligt.

Bundestagswahl
Bei der Bundestagswahlen im August fielen bei einer Wahlbeteiligung von 83% auf die CSU 790 (39,2), SPD 396 (19,6), WAV 229 (11,4), Bayernpartei 454 (22,5) und FDP 148 (7,3) Stimmen.

Einwohnerzahl
Die Einwohnerzahl blieb trotz reger Zu- und Abwanderung auch im Sommer konstant. Sie betrug im August 3997 Einwohner; davon waren 820 Heimatvertriebene.

Flurbereinigung
Um diese Zeit wurden auch die ersten Besprechungen zur Durchführung der Flurbereinigung in Türkheim aufgenommen. Die unwirtschaftliche Zersplitterung des bäuerlichen Grundes, aus dem alten Dreifeldersystem und den zahlreichen gemeindlichen Grundverteilungen stammend, sollte nun durch eine staatlich angeordnete Neuaufteilung bzw. Zusammenlegung des größten Teiles der gemeindlichen Flur zu einer ertragsreicheren Bewirtschaftung führen. Im August wurden bereits die Durchführungsbestimmungen bekannt gegeben. Die Angelegenheit führte bald zu Spannungen unter der bäuerlichen Bevölkerung.

Kreisaltenheim
Als weitere bedeutende Maßnahme der Zeit ist die Planung eines Kreisaltersheimes beim oberen Bahnhof zu nennen. Dazu boten sich die vier OT-Häuser, unvollendete Überbleibsel des letzten Krieges und ein zu dem OT-Lager eingezogenes Gelände von 20.000 m² in ruhiger Lage förmlich

an. Der Hauptzweck der Anlage wurde besonders damit begründet, den vielen in den Landkreis eingewiesenen alten und arbeitsunfähigen Heimatverwiesenen eine Heimstatt zu schaffen Das Hauptverdienst, dass das Projekt zur Ausführung gekommen ist, ist Bürgermeister Singer zuzuschreiben.

Aufhebung der Bewirtschaftung?

In diesen Monaten wurden die Stimmen immer lauter, die eine baldige Aufhebung der Bewirtschaftung von Lebensmitteln forderten. Zu dieser Zeit bestand eine solche nur noch für Fleisch, Fett und Zucker. Auf die aus allen Personenkreisen kommende Forderung, endlich wieder normale Lebensbedingungen herzustellen, wurde in der Presse bekannt gegeben, dass die Rationierung erst aufgehoben werden könne, wenn sich Angebot und Nachfrage bei den Nahrungsmitteln decken.

Tageszeitung

Im August erschien die Mittelschwäbische Tagespost schon wöchentlich dreimal. Der Umfang war in den letzten Monaten größer und der Inhalt vielseitiger geworden.

Gewerbebetriebe

Mit der Errichtung weiterer Gewerbebetriebe erfuhr das wirtschaftliche Leben des Marktes noch im Spätsommer einen merklichen Auftrieb. Ein Textilbetrieb erhöhte seine Belegschaft auf 80, ein Pelzverarbeitungsbetrieb auf 25 Personen.

Bücherrückführung nach Augsburg

Der während des Krieges nach Türkheim verlagerte Bücherbestand der staatlichen Volksbüchereinstelle für Schwaben, der im Gasthaus zum Rößle über Jahre untergebracht war, konnte im Frühherbst unversehrt nach Augsburg zurückgeführt werden.

Lebensmittelpreise
Für Lebensmittel bestand weiter eine strikte Preisbindung. Die vorgeschriebenen Preissätze lagen z.b. bei Fleisch für ½ Kilo: Kalb: 1,30 – 1,60 DM; Rind: 1,05 – 1,70 DM, Schwein: 1,20 – 1,80 DM und Hammel: 1,35 – 1,75 DM. Auch für Heizmaterial waren die Preise vorgeschrieben.

Zugunglück
Ende Oktober wurde am ungeschützten Bahnübergang südlich des Marktes bei der sog. Anwandermauer, ein Lastkraftwagen vom Zuge erfasst und schwer beschädigt. Die Insassen kamen mit leichten Verletzungen davon.

Bevölkerung und Wohnungen
Im November waren noch 34 Juden (28 Erwachsene und 6 Kinder) in Türkheim. In den vergangenen Mnaten war eine starke Auswanderung erfolgt. Trotzdem nun mehrere Wohnungen und Einzelzimmer freigemacht worden waren, gab es um diese Zeit noch immer 73 Wohnungssuchende. Um der Wohnungsnot zu begegnen, stellte die Gemeinde billiges Bauland in den Auenteilen nordöstlich der Wertachbrücke zur Verfügung. Bald begannen mehrere Heimatverwiesene mit der Rodung des mit dichtem Buschwerk überzogenen Geländes und dem Bau von Einfamilienhäusern.

Vorbereitung zum Jubiläum
Noch im November waren die ersten Vorbereitungen für die 1950 abzuhaltende 250. Jahresfeier der Markterhebung Türkheims getroffen. Im Gemeinderat wurde einstimmig eine würdige Begehung des Jubiläums vereinbart.

Auflösung von Massenquartieren

Zum Jahresende konnten endlich die Massenquartiere in den beiden Schlossbauten aufgelöst werden. Seit Kriegsende und den Herbstmonaten 1945 waren dort, in den schwer heizbaren Räumen, eine größere Anzahl von Heimatvertriebenen Familien untergebracht gewesen.

1950

Arbeitsmarkt

In den Wintermonaten 1949/50 stieg die Zahl der Arbeitslosen weiter an. Türkheim allein hatte nahezu 200 Arbeitslose registriert. Eine Besserung trat erst 1950 durch das Anlaufen des Exportes von Lederfaserstoffen im Salamanderwerk ein. Die Belegschaft konnte bis zum Frühjahr auf 560 Arbeiter und Angestellte erhöht werden.

Blaskapelle

Die Blaskapelle des in diesem Jahr neu gegründeten Türkheimer Orchestervereins gab am Ostersonntag das erste Konzert. Die Musiker, zu denen auch eine Anzahl Heimatvertriebener zählten, ernteten reichen Beifall.

Ambulante Krankenpflege - Schwesternheim

Im Türkheimer Schwesternheim an der Hochstraße vollzog sich im Mai ein nicht mehr abwendbarer Wechsel der die ambulante Krankenpflege ausübenden Schwesternschaft. Die Mallersdorfer Schwestern, die seit einem halben Jahrhundert die Krankenpflege im Markt und in den Dörfern der Umgebung umsichtig und aufopfernd getragen hatten, wurden in das Mutterkloster zurückgezogen. Zur Pflege und Betreuung der dem Verein für ambulante Krankenpflege angehörenden erkrankten Mitglieder konnten nun Caritasschwestern gewonnen werden.

Wirtschaft

Im März war nur noch Zucker bewirtschaftet. Alles Übrige konnte nun schon ohne Marken erworben werden. Doch war das Geld noch sehr knapp. Der Stundenlohn eines Hilfsarbeiters betrug 1,10 DM.

Neues Wohngebiet

Im Mai waren im neugerodeten Auenviertel bereits 7 Einfamilienhäuser im Bau. Zur Behebung der Wohnungsnot leitete auch die Gemeinde den Bau von zwei Sechsfamilienhäusern ein.

Gewerbegebiete

Seit der Währungsreform waren in Türkheim 39 neue gewerbliche Betriebe entstanden. Die meisten davon hatten nur eine kurze Lebensdauer.

Bevölkerung

Der Anteil der Heimatvertriebenen war unter der Bevölkerung des Marktes nun schon auf nahezu 30 % angestiegen. Neben 2891 Einheimischen zählte man im März 1116 Heimatvertriebene, 20 Juden, 31 Ausländer.

Borkenkäfer

Da der Borkenkäfer in den gemeindlichen, staatlichen und privaten Waldungen innerhalb der Türkheimer Markung im Frühjahr stark überhand genommen hatte, mussten auf eine gemeindliche Anordnung auch in den Privatwäldern die befallenen Bäume entfernt werden.

Wildschweine

In den nordwestlichen Moosteilen richteten Wildschweine im Mai schwere Flurschäden an. Wiederholte Jagdzüge nach den dauernd von einem Waldbereich in den anderen wechselnden Tieren hatten keine Erfolge.

Brand im Auenteil

Durch einen Flächenbrand in den südlichen Auenteilen wurde Mitte Mai eine Jungfichtenpflanzung und umfangreiches Buschwerk ein Raub des schnell um sich greifenden Feuers.

Wetter

Ende Mai gingen mehrmals schwere Gewitter über unsere Gegend nieder. Bei einem davon richtete starker Hagelschlag in mehreren Türkheimer Flurteilen beträchtlichen Schaden an.

Adressbuch

Die Herausgabe eines Türkhiemr Adressenverzeichnisses im Taschenformat wurde im Sommer allgemein begrüßt. Lehrer Schuhwerk hatte dazu einen kurzen geschichtlichen Überblick des Marktes verfasst.

Verkehrsunglück

Mitte Juni gab es bei einem Zusammenstoß eines amerikanischen Zivilfahrzeuges mit einem Personenzug am ungesicherten Bahnübergang an der Tussenhauser Straße einen Schwerverletzten und hohen Sachschaden.

Vorbereitung zur 250-Jahr-Feier

Die Vorbereitungen zu der 250 Jahrfeier der Markterhebung waren nun schon in vollem Gange. An Vereine, Betriebe und Handwerker erging ein Aufruf zur Beteiligung am Festzug. Für die Festwoche wurde auch eine Ausstellung von altem, sich auf den Markt beziehenden Kulturgut geplant. Zu einer gleichzeitigen Kunst- und Gewerbe-Ausstellung wurden die ersten Vorkehrungen getroffen. Mit den Vorbereitungen zu Festspiel und Festzug wurde der Grafiker Max Eichheim betraut, die Gestaltung der heimatgeschichtlichen Ausstellung wurde Lehrer Luis Schuhwerk übertragen.

Es wird gebaut

In den Sommermonaten setzte in Türkheim eine rege Bautätigkeit ein. Daran beteiligt waren hauptsächlich Heimatvertriebene, die selbst einmal Haus und Grund besessen hatten und sich wieder nach einem eigenen Heim sehnten. Für sie wurden auch günstige Finanzierungsmöglichkeiten geschaffen, Zuschüsse gewährt und zinsverbilligte Bundesmittel bereitgestellt. Doch trug auch ihr eigener Fleiß nicht unerheblich dazu bei, dass sie schon bald und noch in schwerer Zeit wieder zu eigenem Besitz gelangten.

Auch die beiden gemeindlichen Sechsfamilienhäuser konnten noch in diesem Jahr erstellt und bezogen werden. Bauträger war die Bau- und Siedlungsgenossenschaft Mindelheim. So konnte mit gemeindlichen Um- und Neubauten und durch private Initiative die Wohnungsnot im Markt doch einigermaßen gelindert werden.

Ein umfangreiches, zur Parzellierung für Einfamilienhäuser geeignetes Grundstück konnte die Gemeinde noch im gleichen Jahr an der Wörishofer Straße günstig erwerben. Das Anwesen der Schuster'schen Erbin ging mit ca. 6 Tgw. Grund zwischen Wörishofer- und Hochstaße um die Kaufsumme von 35.000 DM in den Besitz der Gemeinde über. Der erworbene Grund wurde vorläufig in 18 Bauplätze zu je 20 Dezimalen aufgeteilt und das Dezimal Baugrund (rund 33 m²) für 40.- DM an Bauwillige verkauft. In kurzer Zeit entstand nun eine ganze Anzahl von Einfamilienhäusern von meist Einheimischen, die nicht minder durch eigenen Fleiß und Zusammenarbeit den Wunschtraum vom eigenen Heim verwirklichten konnten. Eine angelegte Straße wurde Gartenstraße (später Bürgermeister-Singer-Straße) benannt. Eine südliche Parallel-Straße erhielt die Bezeichnung Dr. Joseph Bernhart Straße.

Heimatstube

Im Sommer stellte GR Alois Schuhwerk an die Gemeinde den Antrag, im Speicher des Rathauses einen Raum auszubauen und als Heimatstube einzurichten. Wenn der Vorschlag aus finanziellen Gründen auch nicht verwirklicht werden konnte, so wurde damit doch der erste Weg zu einem späteren Heimatmuseum b eschritten.

Kindergarten
Ende August wurde auch der Neubau des gemeindlichen Kindergartens seiner Bestimmung übergeben. An der Einweihung nahmen viele Einwohner teil.

Kartoffelkäfer
Ein erneuter starker Befall der Felder durch den Kartoffelkäfer zwang die Gemeinde Ende August wieder eine Suchaktion durchzuführen. Wie notwendig sie war beweist, dass ein einziger Schüler ca. 7.000 Käfer und Larven fand und vernichtete.

Kreisaltenheim
Im Laufe des Spätsommers konnte das aus den halbfertigen OT-Bauten der letzten Kriegsmonate entstandene Kreisaltenheim beim oberen Bahnhof bezogen werden. Nahezu 170 alte Menschen, besonders Heimatvertriebene, fanden nun eine Heimstatt.

Einwohnerzahl
Die Einwohnerzahl Türkheims lag Ende August bei 3883, war also durch die Abwanderung der meisten DPs und Ausländer geringfügig rückläufig.

Vorbereitung zur Festwoche
Mit Feuereifer wurden jetzt die Vorarbeiten zur Jubiläumsfeier mit einer Festwoche vom 2. bis 10. September betrieben. Schon Wochen vorher hatte man dazu ein kaum mehr überbietbares Festprogramm aufgestellt. Alles was zur Gestaltung beitragen konnte hatte man aufgerufen.

So wurde Dr. Joseph Bernhart gebeten, ein Festspiel zu verfassen, in dem das Geschehen dieses Tages vor zweieinhalb Jahrhunderten dargestellt ist. Der Graphiker und Bühnenbildner Max Eichheim, ein geb. Türkheimer, wurde beauftragt, Entwürfe zur Szenerie für das Festspiel, zu den historischen Kostümen zu Festwagen zur Festdekoration des Marktes und zu den geplanten Ausstellungen zu entwerfen. Dekan Läuterer hatte als Festschrift ein Lebensbild des Herzogpaares gezeichnet. Lehrer Schuhwerk trug noch alle erreichbaren Zeugnisse der Vergangenheit des Marktes zu einer historischen Schau zusammen. Er fertigte dazu mit seinen Schülern Modelle eines Römerturmes und der Pfarrkirche. Mit viel Mühe wurden die vielseitigen Ausstellungen vorbereitet. In der umfangreichsten Ausstellung stellten Handwerk und Gewerbe ihre Erzeugnisse aus. Eine weitere Ausstellung wird mit einer Vielzahl von Arbeiten einheimischer Künstler – es sollen nur Maler Otto Epple und Gertud Drexl und der Bildhauer Paul Benziger genannt werden – sicher großen Anklang finden. Bereichert wird die Schau mit zwei Originalzeichnungen des in Türkheimg geborenen Barockmalers und Akademiedirektors Johann Georg Bergmüller und eiern Anzahl von ihm entworfener und auch mehrerer von ihm selbst gestochenen Druckgraphiken. Eine Literatur-Ausstellung mit Frühausgaben des Volksschriftstellers Ludwig Aurbacher, Schriften und Urkunden zur Ortsgeschichte; dann eine Vielzahl Werke von dem Religionsphilosophen Dr. Joseph Bernhart und von dessen Bruder, dem bedeutenden Numismatiker und Leiter der Staatl. Münzsammlung Prof. Dr. Max Bernhart.

So war das Jubiläumsfest des Marktes gut vorbereitet. Es begann mit einem Festabend in den Kronenlichtspielen und wurde vom Singkreis und Orchesterverein gestaltet. Nach einer musikalischen Einleitung galt die Begrüßungsrede von

Bürgermeister Singer besonders stellv. Ministerpräsident Dr. Joseph Müller und einer Anzahl weiterer Ehrengäste. In den Reden des Abends kam ein hohes Lob für den Bürgersinn der Einwohner des Marktes zum Ausdruck. Ein auserlesenes musikalisches Programm brachte bis weit in die Nacht eine festliche Stimmung.

Schon am frühen Morgen des Sonntags kündigte ein Weckruf den feierlichen Tag an. Nach dem Festgottesdienst wurden die vielseitigen Ausstellungen eröffnet und waren bald mit Besuchern angefüllt. Noch am Vormittag gab die Blasmusik für die Musikfreunde ein Standkonzert.

Der Nachmittag brachte nun den Höhepunkt der Feier, das Festspiel und den Festzug. Mit großem Interesse folgten die Zuschauer, die den ganzen Schlossvorplatz füllten, dem kurzen, aber wohlgesetzten historischen Spiel „das den Akt der Markterhebung vor Augen führt." In Kostümen der Zeit wurden die Szenen, der Auftritt des Herzogpaares, die Verleihung des Marktrechtes und eines Marktwappens durch den Herzog und die Stiftung der Edelknaben durch die Herzogin dargestellt. Nach dem Dank des Bürgermeisters für diese hohe fürstliche Gunst, sprach der Herzog abschließend die denkwürdigen Worte: „Möge der Himmel segnen, Uns und Euch, des Landes jüngste Marktgemeinde."

Bald darauf bewegte sich der Festzug zwischen einem Spalier von Tausenden von Festbesuchern durch die Straßen des Marktes.

Ein weiterer Höhepunkt des Festes war das Sängertreffen am späten Nachmittag im Schlusshof. Die gesanglichen Darbietungen in Einzel- und Massenchören wurden von der Vielzahl er Freunde des Gesanges mit reichem Dank bedacht.

Im Festzelt, das durch Vermittlung von Dr. Joseph Singer erstmals im Schlussgarten erstellt werden durfte wurde der festliche Tag mit einem feierlichen Konzert beendet.

Landtagswahl

Die Landtagswahl am 26. November zeitigte in Türkheim folgendes Ergebnis: Von 2733 Wahlberechtigten wurden 2239 Stimmen (82 %) abgegeben. Davon entfielen auf die CSU 615 (30,5 %), SPD 399 (19,8 %), Bayernpartei 421 (20,8 %), BHE 440 (21,8 %), FDP 80 (4,0 %), WAV 43 (2,1 %) und KPD 19 (1,0 %) Stimmen.

Weihnachten

Erstmals konnte 1950 wieder ein Weihnachten ohne Rationierung, ohne Lebensmittel-, Raucher- und Kleiderkarte und ohne Bezugscheine gefeiert werden. War auch der Gabentisch noch nicht so reich gedeckt, hatte man auch noch kein Fernsehgerät und keine Hausbar, keine Wasch- und Spülmaschine und keinen Wagen in der Garage wie in den späteren Wohlstandjahren, so war man doch schon allein darüber glücklich, dass die Not- und Hungerjahre endlich ein Ende gefunden hatten. Doch lastete noch auf einige Familien die Sorge um den noch in Kriegsgefangenschaft befindlichen Vater, Sohn oder Bruder und auf vielen der Schmerz um die längst vermissten und gefallenen Angehörigen.

Korrigenda der 1. Heimatschrift für das östliche Unterallgäu:
Die Bildunterschrift auf S. 11 muss lauten:
Kuranstalt Friedrichsbad in Immenstadt, Ende 19. Jahrhundert